伝説のファンドマネージャーが教える株の公式

大漲的訊號

全球最大主權基金經理人的
股票K線獨門獲利密技

阿布達比投資局　基金經理人
林則行——著
李佳蓉——譯

4步驟看見大漲訊號、馬上

STEP ❶

用K線圖找出
創新高價股

股價創近年新高
才會成為人氣股

股價必須從底部反彈
六成以上，別碰股價
太便宜的股票

STEP ❷

一道公式算出大盤
是否處於上升行情

創新高價的個股數量
占整體大盤2%以上

創新高價股數量比公式：

$$\frac{過去一年創新高價股數量}{大盤所有股票數量}$$

知道能否進場！

看三個獲利數字，飆股立刻現身

三種情況，立刻賣股！

過去獲利要穩定成長
過去5~10年，獲利成長率7%以上

股價跌幅超過8%，立刻停損

近期的季獲利成長率要超過20%
這個數字對股價影響最大

公司近期獲利成長率不到20%，或爆發有損信譽的壞消息

未來獲利能持續成長
公司成長的理由必須無可動搖，不可因景氣或幣值等理由就無法成長

以上兩種都是緊急處置，最重要的是利用賣壓比例找出中長期高點，獲利了結

$$賣壓比例 = \frac{賣出股數的總和}{買進股數的總和}$$

目錄

別 冊

搶反彈必看！
精選台股潛力大飆股

德信證券自營部協理／雷中光

投資有此好方法
入寶山怎會空手回！

縱橫台股超過25年的專業操盤人／廖繼弘

　　投資股票的人，不管你是從基本面或技術面選股，無不希望能找到或建立一個簡單又有效的選股獲利公式；現在投資人有福了，大是文化出版了全球最大主權基金「阿布達比投資局」傳奇基金經理人林則行先生寫的《大漲的訊號》這本書，他綜合了羅傑斯等投資大師的投資技巧及自身投資成功的經驗，歸納出一個簡單有效的致勝公式，無私地分享給讀者，相信看完本書，大家都會覺得值回票價。

　　選股有「由上而下」及「由下而上」兩種方法，本書偏向由下而上，由於總體經濟變化較難掌握，林則行要投資人不必在意總體經濟、資金情勢等訊息，完全專注於選股操作，留意股價創新高的個股及與獲利相關的投資訊息即可。通常股價創新高的個股，代表基本面有很大的變化（如目前及未來獲利大幅成長），就創新高的個股，觀察一些獲利指標，如符合篩選標準就買進；在個人實務操作上，**選股如此兼具技術面和基本面都強勢的個股，能大大地提高勝算。**

　　就順勢操作的角度，在多頭市場，選股獲利的機會明顯高於空頭市場，但在不理會總體經濟數據下，投資人要如何去掌握股市的多頭趨勢呢？作者也提出一個簡單的判別方法，就是創新高個股的數量——股市強勁上漲時，創新高個股的家數必然很多；股市整理時，創新高的個股

減少，股市大幅下跌時，創新高的個股可能只是鳳毛麟角——投資人可依此研判股市的多空方向和投資的勝率。

個人進行證券市場工作初期，曾聽一位前輩說，股價創新高需有革命般的熱情，具有較大的上漲潛力，這段話至今記憶猶新；本書的內容雖以日股為例，但投資原則放諸四海而皆準，在近二十年多年台股歷史中，隨著產業趨勢波動與榮枯，每段時間就會出現新股王，可說江山代有「好股」出，而這些不斷創新高的領導股，大都是當時的明星產業，且都伴隨著獲利大幅成長，很符合作者的選股標準。即便近兩年台股陷入箱型震盪走勢，也有相當多股價創新高、業績大幅成長的傳產股（如自行車、超商、汽車相關、成衣、隱型眼鏡等），投資人如依此方法選股，都有豐碩的投資報酬。

短短序文很難表現本書精華於萬一，個人很認同作者的一些投資原則和方法，如：當個股出現我們設定的選股標準後，就要勇於買進持有，賺取較大的波段利潤，當個股出現賣出訊號時，就要果斷賣出，機械化地操作；投資要成功，最重要是停損，千萬不要攤平等，都是很重要的原則。誠如作者所說，買股票是最有效率的賺錢術，投資的能力跟智商無關，只要你有好方法，就不怕入寶山而空手回。

本書提供了選股的勝利方程式，但所有成功方法的基本原則，需輔以投資信念及紀律，投資朋友只要熟讀此書，好好運用作者的投資原則和方法，按表操課，不斷地檢討及改進，相信必能成為股市贏家。

本文作者廖繼弘，是統一國際開發公司金融投資部副總經理、《Smart智富》月刊、《工商時報》專欄作家，被奉為台股技術分析大師。著有《廖繼弘教你技術指標選對賺錢股》、《我的技術線型會轉彎》。

輕鬆看懂
股市漲跌的道理

聚財網專欄作家／羅威

　　我是一個股票投資人，也是從事股市技術分析寫作的作者。從開始進入股市到現在，二十餘年來，我看過兩、三百本國內外股市的相關書籍、在聚財網寫了十幾年文章，也將我的文章整理出版過九本書，每一本我都必須自己寫序文，也邀請過很多朋友幫我的書寫序文，但是替別人的書——尤其是翻譯書寫序文——這還是頭一遭。

　　接到大是文化的邀請，希望我能為這本《大漲的訊號》寫序文時，雖然與本書作者林則行先生未曾謀面，但欣聞有一本全球最大主權基金「阿布達比投資局」的傳奇基金經理人寫作的專書即將付梓出版，還是非常樂於推薦。

　　不過，真正產生推薦本書的動力是在閱讀書稿後，從書中感受到作者無私分享自己在股市多年的實戰經驗，雖然投資只有一個「買」或「不買」的決定，但是該怎麼買？怎樣辨別型態可以買的情況？以及最後要怎麼賣？這是絕大多數投資人非常苦惱的問題，而作者能夠將這些情況做有系統的整理，成為一般普羅大眾都能輕鬆上手的投資書籍，實在難能可貴。

　　大多數的股市技術書籍都著重在「怎麼買？」的問題上，因此造就了不少只會買卻不會賣的套牢族，作者在本書最後一章告訴大家必須立

刻賣股的三種情況！個人認為這是最重要的章節，熟讀本章節可以解決大家只會買不會賣，以及股價漲高了該如何賣出的問題。熟讀此一章，相信就算不能賣在最高點，但也能在適當的位置逃離，遠離被套牢的情況。

雖然本書所舉例的是日本股市，但是就技術分析而言，只要是有K線圖的商品，其實都可以一理通萬理通，股市的操作觀念和方法都是一樣的，**決定股價能否飆漲的，不是股價到底有多便宜，而是市場的買氣，有人氣，股票才會漲**，否則就得經過漫長的等待。

我相信看過我股市生命力系列或多週期KD層次關係精裝書的投資人，看完本書必定更能深刻體會股市漲跌之間的道理，就算沒看過羅威書籍的朋友，也能夠從這本《大漲的訊號》中，找出自己的投資之道。

本文作者羅威本名賴宣名，研究股市二十餘年。著作有《羅威多週期KD實戰分析》、《活出股市生命力》、《趨勢生命力》、《型態生命力》、《活用股市技術分析》、《活用KD技術分析》、《轉折生命力》、《波動生命力》、《頭部生命力》等書。

前言

訊號出現就反應
機械性操作創獲利傳奇

　　本書的目的是讓散戶也能擁有專業投資人的實力。只要讀完此書，相信你也會對投資產生堅定的信心。

　　可能有人會質疑：「有這麼簡單嗎？」

　　是的，只要套公式，就是這麼簡單。

　　我的公式很簡單，而且不會讓人無所適從，只要你懂得運用，絕對**能在行情下跌時避免損失過大，行情上升時又能使資產迅速翻上數倍**。

　　為什麼我要把投資方法整理成公式？我發現這麼做比較輕鬆。面對大盤的各種情勢變化，若單憑一己之力來判斷要買什麼個股以及購買時機，需要納入考量的情報將排山倒海而來，讓人在做出決定前，就已精疲力盡、不知所措。但只要代入公式，就可以不必理會枝微末節，專心於重要大事上。

　　在投資上，真正重要的情報非常稀少，所以集中心力在這些情報上，一定能提高績效。因此，本書沒有其他分析行情的書會有的投資心法，因為就像一句格言說的：「以為行情已經探底，進場才發現又下跌；以為行情還會繼續漲，死抱著不賣才知道早已觸頂轉跌。」

　　本書的特色是提供許多圖表給讀者參考；此外，為了讓你能充分理解獲利公式怎麼操作，我也舉了很多實例說明。只要記住公式、了解每個章節最後的重點整理，並在實際進行投資時參照附錄操作手冊的檢核

表，就萬無一失了。

　　投資是我的專業，所以稍微瞄一眼就能看破那種似是而非的論點，但散戶可能會因為分辨不出來而受騙，下場就是賠錢。為了幫助散戶減少損失，我認為有必要介紹正確的投資方法。

　　我舉個例子。你可能聽過老師說：「目前行情雖然劇烈震盪，但長期來看現在算是股價低點。」這句話想表達的意思是：「雖然我不知道今日進場對不對，但是從二到三年的長期觀點來看，現在應該進場。」

　　缺乏投資經驗的人可能覺得這句話很有道理，但在我看來，這很明顯是在騙人。想買股票、卻不知道今天該不該買的人，適合做投資嗎？**「不知道今天該不該進場」就等於「永遠不知道何時該進場」**。說出這種話的老師，過了二、三年還是會告訴你同樣的話。

　　讀完本書，你就能馬上知道「今天該不該進場」，也懂得不在行情走低時繼續持有股票。

　　或許有人會問：「我們又不是神，總有判斷失誤的時候吧？」沒錯，但運用我的獲利公式，你馬上能判斷可能賠錢的機率有多高，也知道該如何應對，並學會在任何情況下，都有信心面對自己的投資決定。

投資獲利跟智商無關，靠機械性紀律操作

　　話說回來，那些少數能獲得高額又穩定收益率的頂尖基金經理人，到底是一群怎樣的人呢？我的恩師、上司、朋友及後輩，都身具世界數一數二的投資實力，擁有極高的智商及記憶力，數學又非常好，讓我深深覺得這些人「擁有與生俱來的投資天分」。

　　例如和投資對象的企業主開了一小時的會，不必寫筆記也能記得所

有會議內容；一般人聽到「本期的27億日圓獲利，將在下一期成長為41億日圓」時，都要拿出計算機來按，才能算出成長率，但他們都能馬上心算出「成長52%」這樣的答案。

但只要讀完本書內容，你的實力不會比這些菁英遜色。因為連天生沒有投資天分的我，都能成為世界頂尖基金經理人，各位讀者當然也能擁有相同實力。

我猜一定有人會說：「哪有可能啊，我看了你的履歷，你不是念了投資相關的碩士學位嗎？」這樣的態度是好的，因為直到自己能接受之前，都秉持著懷疑的態度，這點在判斷股市行情時非常重要。

以心算能力來說，跟我的同行（專家中的專家級投資人）相比，就知道大學文科畢業的我，程度真的很一般。相較之下，我那些頂尖同儕從小不是被喻為「神童」，就是「學校創校以來的天才」，他們就算跑去鑽研數學或物理，成就想必也是世界頂尖，但以我的天分來說，就算念到博士，那張文憑也追不上他們的天賦。

可能有人會問：「那你為什麼可以成為『專家中的專家級投資人』？這不是騙人嗎？」悲觀一點的人可能會想：「我不是什麼好學校畢業的，我做不到……」懷疑自己能不能學會專家投資方法的人，請務必聽我說。

我的獲利公式，跟這些大師學的

如果要以天生的資質決勝負，我肯定會輸給那群天賦超群的同儕；但如果能學會大師的投資技術，就另當別論了。

頭腦好的人大多對自己太過自信，以自己的想法優先，不輕易接

受他人的建議。過去我也曾將個人的投資技巧整理成公式，用這些公式與同事競爭固然可以輕鬆獲勝，但要在全世界競爭就沒輒了，我這才知道，**把世界頂尖投資大師的技巧融會貫通成個人能力，才是致勝的關鍵。**

吉姆・羅傑斯（Jim Rogers）在哥倫比亞大學的課堂上一再強調：「投資股票要鎖定行情發生巨大轉變的時刻。」第三章的獲利公式就是從他的投資技巧轉化而來的；系統交易之父賴利・威廉斯（Larry Williams）非常重視風險管理，第四章的賣股公式即吸取他的停損哲學；至於我在第二章提出的「創新高價股」概念，其實是威廉・歐尼爾（William J. O'Neil，暢銷書《笑傲股市》作者）以及前人對行情的智慧結晶，其中投資界沿用已久的K線圖，更是不容忽視。

本書的獲利公式全都是我自創的，但嚴格來說，是我將投資大師們的技巧，將之具體化成操作步驟與買賣訊號。這些大師們表面上看起來好像視股市行情及個股狀況隨機應變，但其實都依循一定的思考模式，他們的分析模式，就是我所整理出來的獲利公式。

這麼多年來，我也靠著這個公式做好基金經理人的工作；也就是說，這套獲利公式的成效已經獲得驗證。在第一章，你會看到我從2007年到2010年間，光是這樣機械性地來回操作，就獲得大幅超越日經平均指數的投資成果。

我的獲利公式非常簡單但最有成效，各位讀者讀完此書，若能立即擁有大師級的獲利實力，我就得償所願了。

新聞、解盤、四季報都太晚 我的方法跑在前端

　　「從失敗中記取教訓。」這句話聽來很有道理，但真要做到卻沒那麼容易。當年我聯考落榜、變成重考生時，一直認為：「我明明就很用功，落榜是因為我頭腦不好。」直到我發現自己想錯時，已是十多年後的事了。

　　我會發現自己想錯，是因為後來不怎麼用功就輕鬆考上會計師，於是開始思考準備會計師考試的過程，跟十年前的聯考有何不同？結果發現，當年我完全不管考題會不會出，就卯起來背別人都不知道的冷門年號和英文單字，但花再多時間背誦不會考的內容，當然無助於提高分數；而在準備會計師考試時，我只看考古題，因為我發現「必須把精力全放在最重要的事情上」。

　　各位在投資股票時，是否犯下了和我當年同樣的錯誤？例如演講時，常有人問我：「請問您花了多少時間蒐集投資的相關情報？」提問者似乎認為情報蒐集愈多，愈有助於獲利，但其實你只需要知道真正重要的數字就夠了。

　　考試是測驗個人的知識程度，所以必須盡可能全背下來，而投資只需做出「買或不買」如此簡單的結論，因此掌握必要情報即可，有時情報愈少反而愈好。我的獲利公式會引導你找到真正重要的情報，看見大漲訊號。

1 投資，不該看天吃飯

> 想成為投資達人，請先停下來思考：「作者為什麼會這麼說？」唯有深入了解原因，才能真正精通股票獲利之道。

不做什麼，比什麼都做更有效

獲利公式的誕生，源自我個人的投資失敗。我剛開始擔任基金經理人時，投資策略與現在截然不同。當時我第一次被賦予重任，負責運用幾百億日圓的巨額資金，不知該如何整理自己的千頭萬緒，還煩惱到無法入睡。例如某支個股該買還是該賣？股市現在是處於上升還是下跌行情？不管朝哪個方向做判斷，似乎都能找到支持該進場還是退場的「證據」，讓我做不出投資決定。

身為操盤菜鳥的我不知如何是好，只好仿照前輩們的方式做股票。由於大家都說要「預測國際經濟情勢」，於是我開始研究世界和日本經濟的局勢發展，以及產業動向。

例如「根據國際情勢，日幣今年似乎趨向走貶」，日幣貶值會帶動出口企業股價上漲，於是就決定購買出口類股。如果預測正確，確實可以做到接近業界第一的成績，但萬一預測錯誤，出口類股的股價下跌，就免不了要面對淒慘的下場。

但即便我預測正確，也難保一定會獲利，因為總有一天日幣一定會由貶轉升，屆時出口類股的股價也會由漲轉跌，如果運氣夠好及時賣

出，還不至於損失過大，但屬害的投資人多半醉心於個人的成功、捨不得退場，我就曾因此慘敗過。

很多基金操盤手因為投資失敗，很快就在投資圈陣亡。我覺得根據錯綜複雜的情報進行投資就像看天吃飯，這種做法是錯的，因為不論是幣值或利率，我們都不曉得明天的走向會變得如何，只能焦慮以對。本書的獲利公式，就是在這些失敗中發展出來的。

如何解決上述難題？我的獲利公式，是奠基於以下三大原則：

一、無助於獲利的資訊，不用看
二、絕不賠錢
三、方法必須合理

這些原則在其他的投資書裡都看不到，接下來我將一一詳細說明。

一、無助於獲利的資訊，不用看

獲利公式需要記住的規則並不多，搞不好你還會覺得：「什麼？就這樣？」而感到吃驚，例如買進股票時，需要確認的只有附錄一的檢核表（見第230頁）而已，只需學會認識檢核表上的項目，就可以開始買股票了（但請在充分了解本書內容之後再開始）。

獲利公式的原則一言以蔽之，就是「選擇股價創新高的股票，分析今後能否持續大幅成長」；換句話說，**選股的關鍵，就是「新高價」和「成長」。**

下頁圖表1-1列出獲利公式所需的必要情報，事實上，你只需要一

圖表1-1	獲利公式所需情報，都能從網路免費取得

必要的情報	1. 各公司的投資人關係情報
	2. 各公司的股價及走勢圖
	3. 創新高價的個股情報

不必要的情報	主要的經濟指標	匯率、長短期利率、金價及油價
	總體經濟學	和物價或礦產相關的統計數據
	經濟新聞	不看也能投資股票
	財務報表	資產負債表、現金流量表、損益表的詳細項目
	市場情報	大型股、防禦性類股、國際優良股、股票分割
	技術面分析	價格支撐帶、融資融券餘額、外資動向、震盪指標
	投資指標	PBR、ROE、ROA、股息殖利率等

台能上網的電腦就夠了，再來就是仔細閱讀本書內容，既不必看經濟新聞，也不必買分析股價走勢的軟體，更不必買齊每年發行四次的《公司四季報》，情報蒐集的功夫做到這個程度就夠了。

你完全不必學習**總體經濟學**，例如物價或礦產相關的統計數據，或是匯率、金價、油價。**財務報表**只看營業額和獲利即可，其他都不必看。企業獲利雖然又分營業利益、稅前盈利和稅後純益等等，但不了解其中的差異也沒有大礙。你不必看資產負債表和現金流量表，也不必考慮股東權益、企業庫藏股政策或股票分割等事情。

在**投資指標**方面，雖然我會用到本益比（市價淨值比），但就算你

記不得本益比的定義也沒關係。我不會用到股息殖利率、ROA（總資產報酬率）、ROE（股東權益報酬率）或PBR（股價淨值比），也不會把股票分成大型股、小型股、防禦性類股（按：空頭時跌幅較小的類股，例如醫療、公共事業或日常消費品等）或國際優良股（按：日本的一種分類方式）。

在**技術面分析**方面，我也不會根據過去的移動平均線（通常簡稱為均線），來分析黃金交叉、價格支撐點、外資動向、震盪指標，以及融資融券餘額（按：融資是借錢買股票，如果融資餘額增加，代表更多投資人看好股市；融券是借股票來賣，融券餘額增加代表許多投資人認為股價會下跌，所以借股票來賣）等等。

或許有讀者會說：「寫給初學者看的書，應該要教一些重要的投資知識。」但無助於獲利的知識，我坦白說：「根本不需要學。」

例如，某位專家主張礦業的未來動向，對投資而言很重要，真的是這樣嗎？如果礦業處於上升行情，機械或電機等類股應該也會表現不錯，問題是礦業的行情今後仍會持續上升嗎？如果不知道如何判斷這一點，就不該購買機械和電機類股。既然沒人知道礦業的今後發展，這項指標就毫無用處。

假如從財務報表上，發現庫存不斷累積。庫存增加和股價漲跌之間有什麼關連性？ROA和股價又有什麼關係？**分析不相關的數據，根本毫無意義。**

獲利公式的目的是戰勝市場行情。

以前日本製造的電動刮鬍刀，周邊功能很完善，本體可水洗、亦可使用國外的不同電壓快速充電，但最重要的刀片卻不夠鋒利，使用起來感覺比德國製造的鈍多了。周邊功能再完備，主要功能低劣的話，還是

無法戰勝德國電動刮鬍刀（當然現在品質已經有所改善）。投資股票所需的知識也是一樣，獲利公式聚焦在最重要的觀念，只要觀念正確，周邊知識都可以不理會。

我的理由是：太注意枝微末節，很可能會因此忽略了重點。我寫本書的目的是**幫助讀者發現「股價攀升兩倍以上的人氣股」**，通常這種公司會發生極大轉變，**掌握這種大變化才是重點，小細節就不必理會了。**

你或許很訝異：「匯率和礦業都是小細節？」我的答案是：「沒錯。」千萬別去買會受幣值升跌影響的股票。

二、絕不賠錢

讀者可能會質疑：「你說要尋找發生極大轉變的人氣股，又說不能賠錢，這不是很矛盾嗎？」但「絕不賠錢」，是我獲利公式最重要的主張，你或許會想：「就算沒賠到錢，只要沒獲利，資產就不會增加。」如果你這麼想，代表你買賣股票的經驗還不夠多。

一般來說，一旦股市出現上升行情，就連你在睡覺的期間，你買的股票也會持續上漲，所以只要行情未上漲時沒有操作錯誤，資產就不會縮水；只要資產沒縮水，當上升行情到來，即可大量獲利。因此，你不必思考「該如何獲利」，只要「盡力避免損失」即可。

話雖如此，**絕不賠錢卻是投資最困難的部分。**尤其是當投資人的貪婪和恐懼互相拉鋸，虧損只會愈來愈大。我想實際進場過的人都能體會我的意思：**貪婪是「想將獲利極大化」，恐懼是「不想賠錢」，**當這兩種情緒在心裡不斷角力，投資人就會逐漸矇蔽自己的雙眼，失去應有的判斷力。

被貪婪與恐懼遮蔽雙眼的投資人，一旦出現虧損，就會想「死抱股票直到股價回升」，於是即使股價持續跌落無底深淵，也只會在一旁默默觀望。另一方面，當投資開始獲利，就會想「現在馬上獲利了結」，滿足於一點點蠅頭小利——其結果就是行情下跌時慘賠、行情上升時少賺，整體資產當然會減少。

此外，被貪婪與恐懼遮蔽雙眼的投資人，進場後滿腦子就只想著自己購買的股票。例如購買索尼的股票前，投資人會頻頻注意家電產品的營業額或電影、電玩等產業動向，關心和索尼有關的消費者需求、相關產業動向和營業額成長幅度；可是買進索尼股票後，卻每天只盯著索尼的股價，這樣的人根本無法做出正確的投資判斷。

日本俗話說：「觀棋者比下棋之人多了八隻眼睛，可預測下一步。」反過來看這句話，那就是許多投資人（下棋之人）實際買進股票後，眼裡就看不到股價以外的東西了。

我連賠錢的機率都算給你看

不少年輕人跟我說：「我想做基金經理人。」通常我會問對方：「你有投資經驗嗎？」多數人的回答都是：「我從沒買過股票。」我會要求他們：「那麼，請實際操作一次之後，再來找我。」

不可思議的是，到目前為止，只有一個人再次找上門說：「我進場了。」換句話說，多數人在嘗試買賣股票後，都受到貪婪和恐懼的夾擊，懷疑起自己「該不該把投資股票，當成一輩子的事業」？

坊間已有許多書籍說明如何克服投資的心理障礙，相關研究也還在持續進行中。但無論如何，你一定要實際進場才能體會，個人的投資知

識和技術，其實與第一線的專業操盤手無甚差異，最重要的是：要有一顆不隨勝負而喜憂不定的心臟。

那要怎麼做，才能擁有不隨勝負而喜憂不定的心臟？當你的股票愈跌愈低，不斷跟自己說「別在意，別在意」一點用處也沒有。唯一的解決辦法，是在你的投資行為模式裡，先擬定發生虧損時的對策。雖然不是每次交易都能做到不賠錢，但只要控制好幅度，就能將虧損控制在能忍受的範圍內。

我的獲利公式會明確告訴你可能賠錢的機率，而且每回的損失額度都設定在整體投資金額的極小比例以內，有效降低你面對虧損時的心理壓力。我所提出的買股公式及各項進出場的檢核表，都建立在「絕不賠錢」這項最重要的主張上，幫助投資人在實際的投資過程中，戰勝最難克服的貪婪與恐懼。

因此，就算你口袋很深，也請從最小的單位開始買起，千萬不要一開始就太貪心，進行大手筆的交易。

三、方法必須合理

本書會用大量數據來驗證獲利公式的成效，證明這是一個打擊率極高的方法，但最重要的不是獲利公式的過去操作績效如何，而是這套投資方法是否合理。例如「**公司獲利好，股價會上漲**」是保證成立的定理，而獲利差的股票，就算股價一時會上漲，長期也撐不住；還有「**股價會出現大幅度上漲，一定是在創新高價之後**」也是股市的定理，因為創新高價之後，就會成為投資寵兒。我就是根據這個定理建立我的獲利公式，因此長期來看，我的方法比較合理，也比較有效。

　　為了讓每位讀者都能看懂本書，我以淺顯的文句說明，所以只需讀過一遍、記住各章節的「獲利重點」，就能掌握投資的整體樣貌；但要實際進行投資之前，請先充分了解「這條獲利公式是怎麼產生的」。為了幫助讀者理解，我準備了許多圖表做說明，閱讀本書時，請參照圖表閱讀。

獲利重點

◎獲利公式的三大主張：

一、無助於獲利的資訊，不用看。

二、絕不賠錢。

三、方法必須合理。

② 上班的人，更得懂股票

有些工作得花10年以上才能獨當一面，甚至得從學徒幹起，但投資完全不必。你不必從撿球或打掃做起，一開始就站上打擊區，從實戰中磨練實力，是進步最快且最有效率的方式。

　　我從高中就開始投資股票，到了大學開始求職時（按：日本人通常大二、大三開始求職，畢業前就得找到工作），《公司四季報》的內容早已滾瓜爛熟。我以拜訪公司的名義前往自己投資的公司，告訴他們：「我希望能進貴公司工作。」由於我對該公司及同業都知之甚詳，還因此被對方稱讚：「從來沒有學生像你這麼了解我們。」

　　那是因為我買了這家公司的股票，當然會比那些只想在該公司工作到老的求職者更加認真。相形之下，大多數的工作者每天只忙於日常雜務，做著不想卻不得不做的工作，也不得不向人低頭，然後把這一切當成是「薪水的一部分」。時間一久，在熱情下工作與在惰性下工作的差異，就會愈來愈大。

工作收入是單利，投資進帳是複利

　　我開始投入股市後，第一個感想是：「不用工作，錢就自然增加了。」當時的感動如此單純。假設我用1000日圓購買的股票，一個月後上漲到1200日圓，假使我投資1000股，100萬日圓就會變成120萬日圓。

我當時心想：「大家都要出門工作才能賺錢，我卻每天早上在家看看報紙的股價欄就有錢了。」

投資大師賴利・威廉斯也說過同樣的話，他也是從學生時代就開始投資，甚至還曾質疑自己：「不必認真工作就有錢賺，這樣對嗎？」但後來他根本沒去找工作，天天在家坐看資產數字自己增加。

一般工作可做不到這一點。企業裡的投資者關係（IR）負責人經常三更半夜還得用電子郵件回覆顧客的提問。每次我收到這類回信，就覺得「每個人都在為了讓我（股東）財富增加而努力工作」。因此，投資的最大優點，就是不需花費太多時間。

我舉個例子：假設大家都是會計師，會計師和投資人一樣，達不到專業級水準就賺不到錢，所以必須先努力學習。儘管投資和會計分屬不同領域，但在累積專業的過程中，記憶基本用語及閱讀教科書所需的努力是相同的。那麼，是從哪裡開始產生差異的呢？

註冊會計師光憑累積會計或稽查的專業，並無法轉換成金錢，而是必須透過每天的勞動，利用長年累積的專業知識，抽檢每日收到的傳票，尋找諸多財務報表上的問題，才能獲得等價的報酬收入。

相較之下，投資人只需做出「買或不買？」、「賣或不賣？」的決定就能賺錢。雖說投資人每天還是得做一些事，例如確認市場情況、了解所投資的公司、管理資金等等，但這些事情花不了多少時間，而且每一次的投資經驗，都會變成專業累積下來。

對我來說，**工作的收入是單利，投資的獲利是複利**。因為賺取工作收入的資本是「身體」，會隨著時間漸漸耗弱，無法再增加；而投資股票的資本「金錢」卻可以再增加。當投資產生收益，這些收益又可以變成資本再投資；也就是說，資本收益可以再拿去賺錢，但賺取工作收入

的「身體」卻不會變成好幾個，所以靠複利賺錢速度比較快。

有效率地賺錢，更快達成人生目標

投資是以金錢為對象所進行的商業行為。如果你是在生鮮市場工作，一定能用比較便宜的價格買到魚；如果你是房屋銷售公司的員工，懂得有關房地產的知識，自然能買到理想的住宅。任何人都能從所處的領域獲益，而投資的獲益，一言以蔽之，就是有效率地賺錢。

以製造業為例（如機械），就是重複花錢製造、再賣掉機械來換取金錢的作業。用物理學的觀念來說，獲利過程中一定會產生耗損，具體而言就是機械的開發、製造、運輸、販賣、庫存等等，這些都會產生費用，所以獲利相對於營業額的比例並不高。而**投資是靠金錢產生金錢的作業，所以獲利效率最高**。

此外，**大部分的工作都無法憑一己之力完成，投資卻可憑藉個人決斷來獲利**。因此，我那些靠投資致富的朋友，不乏享受生活甚於工作的人。

很多投資成功的人都熱衷於自己的興趣，像我有很多朋友就因此變成音樂、圍棋、佛教、瑜伽等領域的達人，還有一個朋友每天股市收盤後，夫妻倆便相偕外出散步吃館子，他們評點餐廳的專業，一點也不輸給美食家。

當然，也有人只想把投資當成副業。「我也想靠投資賺錢，但我很喜歡現在的工作。」或是「我想靠股票賺取國外旅遊基金或個人再進修的費用。」如果是因此而想開始投資也無妨。

有些人在寫給我的信裡會提到個人近況，當我讀到「我將來想當會

計師，為了賺取進修基金才開始投資股票」這樣的來信時，都會覺得對方對投資有明確的目標，是很棒的一件事。

獲利重點

◎投資不同於工作，可以自己作主，賺錢的成就感也會因此倍增。

◎學會套用公式，不必每天花很多時間在股票上。

◎投資股票可以有效率地獲利，資產也會以複利方式增加。

③ 我的投報率比大盤多69%

套用我的獲利公式進行交易，績效到底如何？我畫給你看。

　　我將示範日經平均指數（按：股價指數，又名日經225，2013年11月25日指數為15619.13點）創下近期新高的18261點當天（2007年7月9日），如果以100萬日圓資本進行投資，結果將是如何。

　　如果我投資與日經平均指數連動的投資組合，到了2010年7月（三年後），資本額大概會攔腰砍斷、只剩一半；但如果按照我的公式投資，每次都拿資產的10%當作投資額、定期定額地交易股票，資本額在這三年期間股市最低點時，帳面還有83萬日圓（虧損17%），但三年後，將變成起始投資金額的1.21倍。

　　還有，如同這次的投資，本書建議每支股票的購買金額，都以整體資產的10%為限。

	2007年7月	最低點	2010年7月
日經平均指數	18261點	7054點	9537點
用100萬日圓投資與日經平均指數連動的投資組合	100萬日圓	39萬日圓	52萬日圓
按照獲利公式每次都投資10%	100萬日圓	83萬日圓	121萬日圓

說明：這三年期間，與日經平均指數連動的投資報酬率是－48%，套用獲利公式則是21%，兩者投資報酬率相差了69%。其算式為：（52－100）÷100＝－48%；（121－100）÷100＝21%；21%－（－48%）＝69%。

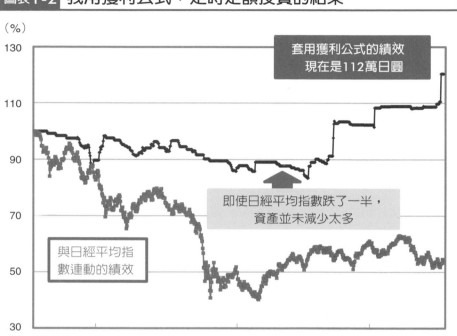

圖表1-2 我用獲利公式，定時定額投資的結果

（%）

套用獲利公式的績效
現在是112萬日圓

即使日經平均指數跌了一半，
資產並未減少太多

與日經平均指
數連動的績效

2007年7月　2008年1月　　　　　2009年1月　　　　2010年1月　2010年7月

對股票投資人來說，這段時間是最痛苦、勝率最低的時期。以期貨交易的用語來說，就是「減損最大」的時期（產生最大損失，造成資產減少）。然而，套用我的獲利公式，最多只會減損17%的本金，因為根據我的獲利公式，在下跌行情裡看不到創新高價的股票，自然不會出現買股訊號，所以資產配置是六成放在股票、四成放在現金。

圖表1-2是將2007年7月到2010年7月的模擬投資績效製成圖表，根據這張圖表，從2009年10月之後（投資兩年後），套用獲利公式投資的資產便急速增加，這是為了反映股票獲利了結後結算的損益，事實上股價每天有漲有跌，帳面價值也是天天波動，但圖表並未顯示這樣的波動。

至於未實現損益的資產價值變化，就請你當作是隨著日經平均指數的上升而增加吧。

在上述模擬結果中，我想強調的一點是：只要使用本書的方法，即便遇到下跌行情，也不至於遭受極大損失。投資股票最重要的，就是極力避免虧損。因為這是一種不放空、只管買進的投資法，缺點就是遇到行情下跌時會毫無招架之力。但經驗豐富的投資人都知道，只要撐過下跌行情，要在行情上升時賺錢，可說是輕而易舉之事。

這三年間套用獲利公式雖然沒有大賺，但和2009年下半年以來、日經平均指數維持在穩定期相比，資產確實持續增加，可見運用獲利公式進行投資的成績非常好。而且，當行情突破穩定期、進入上升行情後，資產獲利翻漲好幾倍，也不是不可能的事。

【說明】此次模擬投資所使用的規則如下：

買股	① 選擇過去2～3年來曾經創新高價的股票（參見第二章第一節），如何看股價走勢，請見第二章第四節 ② 鎖定獲利成長的企業 　過去5～10年獲利穩定成長（參見第三章第二節） 　最近1～2年的獲利成長（參見第三章第三節） 　最近2～3季的營業額及獲利成長（參見第三章第三節）
賣股	① 根據基本面分析賣出股票（參見第四章第三節） ② 根據技術面分析賣出股票（參見第四章第四節） ③ 設立停損點（參見第四章第六節）

說明：本書除了上述規則，尚有其他投資重要規則及重點。例如確認該公司「未來獲利能否持續穩健成長」。但這項確認重點無法機械式地進行，必須在選擇標的時加入個人判斷，因此在這裡省略了這個步驟。

④ 不頻繁看盤，抓走勢大賺

股票是大多數人最熟悉的金融商品，爲什麼？還有，投資股票有何優缺點？和商品或外匯等投資工具相比，更能看出股票的特色。

很多人一開始就以股票爲投資工具，最主要是覺得容易獲利，**因為過去投資致富的人，大多是靠股票**，很少有人因爲投資外匯而賺大錢。以日本股市來說，平時可交易的個股多達上千支，而外匯的主要幣別才十幾種，商品期貨的選擇也只有幾十種。從眾多個股中選擇一個，比較容易挑到理想標的，但如果選擇不多，有時就必須妥協。

而且股票的相關情報最齊全，像《公司四季報》、報紙的股票專欄、網路上各大上市上櫃企業的投資者關係（IR）網頁等等，各種情報應有盡有。相形之下，外匯跟商品期貨既沒有「外匯四季報」，報紙上的相關專欄也只有小小一篇。

然而，很多人就是因爲買張股票的門檻很低，不是聽信他人報明牌，就是在準備不足的情況下進行交易，然後賠了錢就覺得「我不適合投資股票」，轉而投資外匯或其他投資工具。

股價上漲定理，全世界都一樣

投資股票的最大特點，就是「獲利好的企業，股價會上漲」，這是

你在任何國家、任何時間都成立的準則。無論時代怎麼變，絕對不會發生「營業額減半，股價卻翻倍」的情況；也就是說，這項獲利準則可稱爲「股價上漲定理」。絕大多數的投資人都是受到這條定理的吸引，才決定進場的。因此，投資人必須知道下面兩點：

①「獲利好」的定義是什麼？

②市場何時會反映該個股的獲利？

相較之下，商品、外匯或債券就沒有這樣明確的規則了。以外匯來說，決定匯率的是兩國之間的利率差異、經濟成長、政府當局的施政方針等基本面因素，不像「A 公司獲利與 A 公司股價的關係」，有直接的關連性。

不用隨時看盤，適合中長期投資

請參照右頁圖表1-3，比較投資股票和期貨的差異。

股票投資有定理，所以和商品期貨或外匯等投資工具有極大的差異。股票最重視基本面分析，但基本面不會每天變化，而是會影響到中期和長期的股價，所以投資股票最適合的期間不是一天或一週，而是中長期持有。

另一方面，期貨沒有類似定理的規則，它的原理是「某種價格波動容易誘發另一種價格波動」。例如：價格狂跌的隔日容易反彈上漲，今日的狂跌絕不會影響到半年後的價格波動，所以期貨就像當沖交易（Day trade）一樣，是以短期投資爲主。

| 圖表1-3 | 股票和期貨，優缺點比一比 |

	股票 勝	期貨
有投資定理嗎？	有	沒有
投資期間	中長期	短期
整天關注行情的必要性	沒有	有
交易次數	少	多
可選擇的標的數量	多	少
照表操課的交易規則	難以建立	容易建立

　　喜歡當沖的人多半是參考熟悉行情者的評論，或是靠著自身對市場漲跌的直覺，視當時的市場環境決定買賣。遇到價格上漲時，馬上獲利了結，然而當價格開始下跌卻傾向於死抱，直到價格愈跌愈凶，損失愈來愈大。

　　想要持續獲利，參考過去的獲利模式進行投資，是最好的辦法，但投資人遇到的最大問題是：過去的獲利模式不一定對未來有效。因此，你必須經常檢驗過去的數據，以確認這種投資模式的有效性。實際做過的人就知道，這種檢驗對初學者來說難度甚高，又很花時間。

　　相形之下，投資股票其實有定理可以依循，不需花功夫檢驗。當然，還是有一些細節需要驗證，例如獲利成長率高的公司，買股基準會設定在獲利18%或20%以上，但即使不做這種微調，對整體獲利的影響也不大。

不用天天看盤，不需頻繁交易

不需要常常買進賣出是股票的極大優勢，因為交易次數原則上是愈少愈好。雖說交易次數愈少愈好，但並不是指這輩子只買賣一次就好。像買房子這種一輩子的大賭注，萬一輸了，將對人生造成極大的影響，但股票不會。

而且，股票因不用一直看盤，在時間運用上比較有彈性，只有想要買進、賣出的時候才要特別關心，持股期間可以放著不管；但是若要玩當沖，則必須在股市交易期間都緊盯著市場的波動。上班族和學生因白天各自有工作和學業，很少有人可以整天都專注於盤面上，所以我會建議這些人從事股票投資時，一天看一次市場行情就夠了。

話說回來，外匯或商品期貨等投資，還是有其優點。觀看市場行情時，心裡會產生很大的壓力。實際經歷過的人就知道，交易期間緊盯著行情漲跌，會對心理造成多大的負擔，如果是頻繁進行，心理負擔會更大。

於是，為了適當消除心理負擔，期貨投資產生了一種革命性構想──驗證過去的數據、掌握行情漲跌的特性、建立起規則，然後按照規則機械式地進行交易，由於是按規則操作，每回買賣都不需要投資人自行做判斷，因此可以減輕心理負擔。況且，如果因為心理壓力造成判斷失準，通常會招致賠錢，所以只要心理負擔減輕，就能減少類似問題的發生。

然而，投資股票卻無法這麼做，因為必須分析該公司的未來發展，除了要參考價格、總成交量等數據情報，還必須加入個人判斷，所以很難建立標準化的買賣規則。

我就是為了改善這一點，才將買賣規則公式化，歸納出股票獲利公

式。規則一旦確立，接下來要做的就是徹底執行而已。我已經將股票投資法數字化，這也是貫穿本書的中心思想。

　　過去有很多人靠著投資股票累積資產，聞名世界的投資大師，也是以股票為主要標的。所以，認為股票賺不了錢或覺得自己不適合買股票、而選擇其他投資工具的人，都應該重新認識股票的優點。

獲利重點

◎股票因為有「公司獲利好，股價就會上漲」的不滅定理，所以能根據基本面分析，以中長期投資為主。

◎從期貨交易衍生出來的機械式買賣方式，有助於減輕投資人的心理壓力。因此，投資股票也應該多利用數字化的投資規則，也就是本書接下來要介紹的獲利公式。

第二章

大漲的訊號
K線天天暗示你

　　每回國家有奧運選手拿到金牌，舉國都會為之歡騰，專家們也會紛紛表示選手獲勝的原因是「因為我國選手比其他人更勤於苦練」，或是「因為我國選手最有必勝的決心」。可是當你冷靜思考，就會發現專家們的分析大有問題。銀牌選手的練習量，難道比金牌選手少嗎？難道他會覺得「沒得金牌，得銀牌也不錯」嗎？

　　能參加奧運的選手，一定都比別人加倍努力苦練、擁有比別人更強的意志，因此能否拿到冠軍，關鍵在於練習方法（技能）不同，使得練習成果（實力）產生差異。投資也是一樣，比別人更認真學習或擁有更強烈的獲利決心固然重要，但光是這樣並不足以產生獲利，找到正確的投資方法才是最重要的。

　　本章將介紹獲利公式的核心，說明**投資最重要的觀念：「創新高價」**。當股價創下前所未有的新高，這支股票就會成為股市今後的主角；而達不到新高價的股票，未來上漲的機率極低，所以不值得買進。此外，大盤會漲還是會跌，也能從創新高價股出現的頻率來判斷。

　　說起來投資股票只有兩個重點：①要選擇哪個投資標的？②今後股價能否上漲？「創新高價股」能同時滿足上述兩個條件。

股票百百種，我只選這一種

為什麼說「創新高價」是選股的唯一切入點？單一個股、大盤指數、商品期貨和外匯等等，都是在何時創新高價的呢？

「創新高價」指前所未有的最高股價，這可不是隨隨便便就能創下的，其中必定隱含極大的特殊變化。

　　獲利公式最重要的概念，就是「創新高價」的股票。如果要我為股票分類，我只會分成「創新高價股」和「非創新高價股」。

　　如果要將人類分成兩類，以性別來區分，可分成男女；以國籍來區分，可分成本國人和外國人；以年齡來區分，可分為成年人和未成年人。換句話說，分類的切入點不同，分類結果也就不同。但在股票的分類上，我一向都主張，只能分成「創新高價股」和「非創新高價股」，這也是本書最重要的概念。

　　當然，若以股利來區分，你也能分成「有股利股票」和「無股利股票」；以規模來區分，可分成大型股和小型股等等，區分方式很多。可是，如果用獲利的觀點來看，這些區分方式沒有太大意義，因為發放股利的股票，其股價不盡然比不發放股利的股票更容易上漲。就這點而言，「創新高價股」和「非創新高價股」這樣分類的價值，就完全不同了。

　　首先，我要針對「新高價」這三個字，下明確的定義。從右頁圖表2-1，可知新高價有「史上最高價」和「近年來高價」兩種；「史上最高價」意指股價達到前所未有的最高價格，而「近年來高價」則指過去兩

圖表2-1 創新高價的定義

新高價 ── 長期：史上最高價；歷史上的最高價

　　　　├ 中期：近年來高價；過去兩年多來的最高價

年多來的新高價。

　　接著，就是本書的第一道獲利公式：

買股公式1：

在股價創近年新高時買進。

　　不是只有個股創新高價才具有重大意義，像日經平均指數所代表的股票市場、外匯、各國債券、石油、穀物、黃金等商品的新高價，也都有極大意義。換句話說，**所有金融商品的新高價，都代表一大轉捩點**。

　　新高價意指，企業或市場展現出與過去完全不同的樣貌：股價創新高，表示該公司進入全新時期；而指數創新高，代表該市場進入全新時代。接下來我將以實例說明這個概念。

創新高，代表發生極大變化

　　我們一起來思考個股漲至新高價代表什麼意義，我以商船三井（按：日本前三大海運公司，以淨利及市值計算則是日本第一大，是日本四家擠進《財富雜誌》500大企業的其中一家）的股價走勢圖為例。請

 **創新高價後，股價立刻飆漲5倍**

■ 商船三井的月K線圖

（日圓）

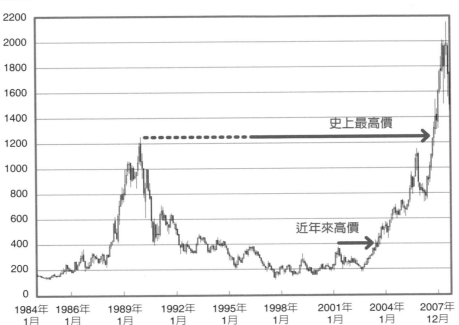

見圖表2-2，上頭已標出這支股票到2007年12月的「史上最高價」和「近年來高價」。

商船三井的股價在2003年8月，突破了2001年6月創下的380日圓高價，這是近七年來的最高價格（近年來高價）。後來股價更在2007年10月攀升到2040日圓，是原先新高價的5倍之多。

相對於此，2006年12月股價突破了1990年1月創下的1161日圓高價，形成史上最高價。從那時起到2007年攀上最高價之間，短短不到一年，股價已成長了1.8倍。

圖表2-4 商品行情創新高，代表新興國家崛起

■ 美國商品期貨價格指數

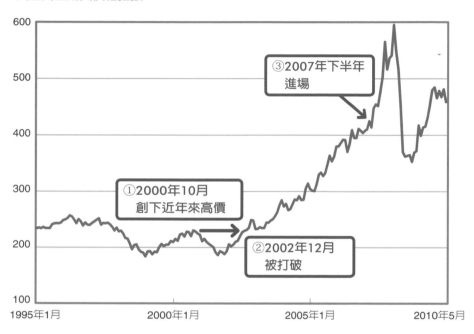

課關稅，減少出口以平衡國內需求。但因為其他國家也採取相同政策，導致各國都無法確保進口穀物的需求量，反而引發國際間供需失衡，造成穀物價格上漲。

與此同時，中國和印度等新興國家因國民生活水準提升，對商品的需求與日俱增。過去一向由八大工業國組織（G8）主導世界主要經濟政策，現在則擴充為二十國集團（G20）。可見**商品價格上漲，代表新興國家的勢力抬頭，尤其是產油國的勢力愈來愈大。**

我曾住在阿拉伯聯合大公國的首都阿布達比（Abu Dhabi），那時阿拉伯政府招聘了一群羅浮宮工作人員，準備將首都打造成文化中心，

而鄰國杜拜雖然遭遇杜拜倒債危機（Dubai debt crisis），建設熱潮戛然而止，但城市生活依舊熱鬧興隆，主要幹道除了三更半夜，整天擁擠不堪；相較之下，東京都的塞車根本就是小巫見大巫。

　　總之，對市場創新高價的現象，絕對不可以等閒視之，因為那代表新時代來臨了。

獲利重點

◎選股的關鍵是「創下近年來高價」。

◎個股或指數創新高價，代表該企業或市場的獲利，進入全新時代。

2 大漲的訊號，就在K線裡

若能看出今後哪家企業會成長或衰退，代表你的投資實力進步了。養成這種實力的方法非常簡單，只要從股價走勢圖中判斷何者是創新高價股、何者是套房股即可。

第一節已經解釋了「股票創新高價，代表企業進入新時代」；反過來也可以說，股價無法創新高價的企業，就無法迎接新時代的來臨。因此，當某家企業創下新高價、而另一家企業無法創新高價時，彼此之間勝負立判。

但投資人千萬不要因為看到自己喜愛的公司，偶然創下新高價，就急著跳進去買該公司股票，初學者很容易發生這種情況。在決定該公司是否值得投資之前，應該多和其他公司比較。

多分析幾家「創新高價股」和「未創新高價股」，對整體產業有大略的了解，才能增進投資實力。養成實力的方法非常簡單，多看股價走勢圖即可。

只要觀察走勢圖，就能看出一家企業的興衰。以前曾經流行過「國際績優股」一詞，指績優的出口類股，包括汽車、電機、機械等等。說到代表日本的企業，我第一個想到的，是1980年代的國際績優股索尼（Sony）。

請看下頁圖表2-5，索尼的股價和日本其他股票一樣，都在1989年創新高價，之後進入一段調整期，後來靠著Play Station（簡稱PS）在電

圖表2-5 無法創新高價的股票，不會漲

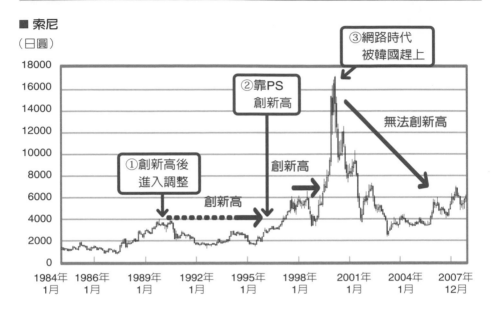

■ 索尼
（日圓）

③網路時代
被韓國趕上

②靠PS
創新高

無法創新高

①創新高後
進入調整

創新高

創新高

■ 先鋒
（日圓）

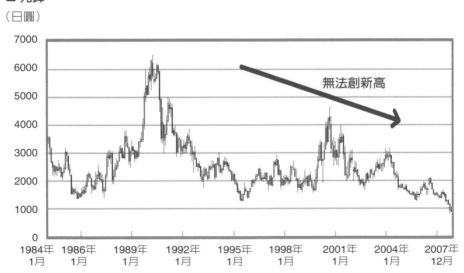

無法創新高

玩界建立起無可撼動的地位，並在1990年代兩度創下新高價，最後又在2000年（網路時代）股價大幅超越1989年的新高價。

然而，自2003年起，即使日本股市已經從網路泡沫中恢復，索尼的股價依舊一蹶不振，無法突破網路極盛時期的最高價。索尼無法創新高價的意義非常重大，因為這代表該公司的全球地位每況愈下。自2000年代以來，以韓國為首的開發中國家，其家電業者已經迎頭趕上日本了，這些情況在股價走勢圖中都清楚可見。

先鋒（Pioneer）的情況更加嚴峻。從該公司的股價走勢圖可知，先鋒的股價即使是在2000年的網路全盛時期，依舊無法超越1990年創下的高價，就連2003年日本股市恢復後也無力回天，無法再創新高價，一路走下坡。當連索尼這樣的大廠牌走勢都不好時，其他中等規模的家電廠商，情況只會更加嚴峻，股價走勢圖顯示，先鋒沒有單獨生存的機會。

家電產品的附加價值出自哪裡？以電腦為例，電腦的外觀是由很多按鈕組成的箱子，裡頭的液晶螢幕和半導體則由化學性零件構成。在這過程中，日本企業究竟在哪個部分發揮了優勢？

在說明這一點之前，我必須先解釋何謂「附加價值」，我以咖啡豆為例來解釋。星巴克的家常綜合咖啡豆250公克要價1100日圓，不過如果是在東京穀物商品交易所，購買相同重量的豆子（同是阿拉比卡豆），卻只要80日圓。這是在國外採收的生豆運到日本後的價格。星巴克咖啡豆雖然比交易所的豆子高級，價格卻高達1100日圓，這其中必然隱藏了附加價值的祕密。

我們平常喝的綜合咖啡豆是混合多種咖啡豆，調整過酸、甜、苦味的豆子。調整後味道的好壞決定了價格，因此混合豆子的過程需要專業技能，這也是消費者付錢購買的原因──這就是產品的附加價值。

　　索尼和先鋒之所以不賺錢，就是因為新興國家的競爭企業，也學會了他們優秀的技術和經驗，使他們無法繼續獲利。回到電腦的問題，日本在電腦製造上相當於「綜合咖啡豆的專業技能」在哪裡？仔細分析股價走勢圖，就知道了。

大漲訊號：走勢是否呈「階梯狀成長」？

　　其中一例就是信越化學。如右頁圖表2-6所示，信越化學共創下三次新高價，在1989、1997、2000和2007年，都突破了之前股價的高點，和先鋒的走勢正好相反。

　　電腦是塞滿半導體的箱子，即便是技術較落後的開發中國家，只要買得到半導體，也能自行組裝電腦，何況台灣、韓國等國家也有能力製造半導體，因此能維持附加價值的企業，就只剩下提供構成半導體元件的企業了，而其中的指標性企業，就是信越化學。分析企業的股價走勢圖，就能知道電機產業的附加價值，其重心已經從原本最接近消費者的下游，逐漸轉移到最接近原物料的上游了。

　　此外，代表日本的產業，其重心也已經從電機轉移到汽車了。關於這一點，只要瞧一眼豐田汽車的股價就知道了。豐田汽車和信越化學一樣創下三次新高價，在1989、1997、2000和2007年都突破了之前股價的高點。豐田汽車出身的人能擔任日本經濟團體聯合會（按：日本三大經濟團體之一，由東京證券交易所部分上市企業為中心構成）會長一職，想必是基於這個理由吧。

圖表2-6 大漲訊號：股價呈階梯狀成長

■ 信越化學

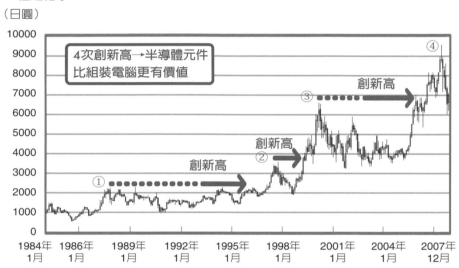

■ 豐田汽車

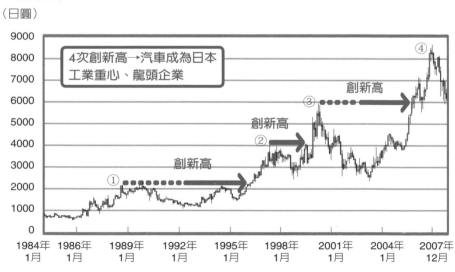

「股價」＋「獲利」，就知該不該進場

接下來，我們從獲利觀點來看企業的興衰。右頁圖表2-7是多數企業創下最高收益的2008年3月期，和10年前（1998）的經常利益（按：台灣稱為稅後純益）相比的倍數。在圖表四家公司中，經常利益成長最高的是信越化學（3.7倍），其次是豐田汽車（2.9倍），第三名是索尼（1.0倍），成長率持平，而先鋒只有0.2倍，等於獲利只剩10年前的五分之一。K線誠實地反映出各家企業的獲利變化。

索尼在2003年10月28日宣布擴大裁員，同時矢言要使前年度只有2.3%的營業淨利率（公司每創造100元的營收所能得到的獲利僅有2.3元），在2006年度成長至10%（金融部門除外）。然而實際上，受到電玩部門的龐大赤字影響，2006年度的營業淨利率變成負成長，只有-0.2%。

電玩熱賣與否，會大大左右獲利表現，對索尼而言，2006年可說是運氣很背的一年（按：任天堂在這一年推出Wii），但從本業電子部門的營業淨利率只有2.6%來看，索尼當初喊出來的獲利目標只不過是空口說大話罷了，曾經代表日本優良企業的索尼，時代已經結束了。

還能避免你買到套房股

日經平均指數從2003年4月的7607點，上漲到2007年7月的高價18261點，雖然成長了2.4倍，但就股市的長期走勢來看，和1989年的超級高點38915相比，近年來的高價連當年的一半都不到。

「平均股價」如同字面上的意思，是指絕大多數股票市價的平均

圖表2-7 看獲利，套房股就無所遁形

1998年3月期～2008年3月期
經常利益的變化率（倍）

信越化學	3.7
豐田汽車	2.9
索尼	1.0
先鋒	0.2

誰是創新高價股、誰會是套房股，一目了然。

值，因此，多數公司的股價走勢，會和日經平均指數差不多。也就是說，構成大盤指數的多數企業儘管有程度上的差異，但股價會和索尼、先鋒等套房股一樣，呈現下修的走勢。

索尼的股價從2000年的最高價16950日圓，跌至2010年的最低價1491日圓，跌幅超過九成；先鋒的股價則從1990年的最高價6570日圓，跌至2010年的最低價82日圓，慘跌99%。投資人若是長期持有這種股票，就會落入住進套房的窘境。

再叮嚀一次最重要的部分。**要一般投資人關注經濟脈動或詳細追蹤各企業的獲利情況並不容易，也不見得每個人都做得到，但有一種既簡單又確實的方法適合一般投資人，那就是分析長期股價走勢圖。**

創新高價股的股價走勢圖會呈現長期向上攀升的走勢，所以看股價走勢圖就能知道哪個產業群正在獲利，並了解構成經濟情勢的產業盛衰。這就是選股的基本原則。

只關注創新高價股還有一個好處：雖說每個時期股市狀況都不同，但基本上**100支股票裡只會出現1支創新高價股**。依照本書的投資法，散戶可以不理會創新高價股以外（也就是整體股市的99%）的股票，只要

仔細調查那1%的股票即可。這不但能省下大量時間,也能減少許多不必
要的迷惘。

獲利重點

◎股價無法創新高就容易向下修正,千萬別買這種股票。

◎分析愈多企業的走勢圖,愈能增進選股實力。

想逮到底部必套牢，
你得買在「創新高價」

想要「逮到底部」是人之常情，但這是一個很容易被套牢的陷阱。因為股價便宜代表該股未受市場關注，無法得知股價何時才能落底反彈。本節會告訴你為何不可買便宜股票，以及如何發現未來的人氣股票。

要如何找出一支未來會受到投資人關注的股票呢？方法很簡單。

前文已經提過，若將股票分成兩類，我會分成「創新高價股」和「非創新高價股」。「創新高價股」就像活火山岩漿，具備股價往上衝的特性；相反地，「非創新高價股」代表無法迎接新時代來臨的輸家，股價只會一蹶不振。買一支不受市場關注的股票，不但無法得知股價何時能漲上去，還得等待漫長時間才能獲利了結。

股市有一句名言叫做：「高點三天，低點百天。」意思是一支股票在進入上漲期之前，必須經過很長的低迷期，然而一旦股價開始上漲，漲勢雖然凶猛，期間卻很短暫，而**低迷期和上漲期的區分點，就是股價創新高的時候**。

綜合以上所述，結論是：

創新高價股＝人氣股

非創新高價股＝非人氣股

　　我以朝日啤酒和麒麟啤酒為例，來說明非人氣股票（套房股）的特徵。朝日啤酒的史上最高價出現在1989年9月，麒麟啤酒則出現在1987年7月。後來這兩家公司20年來都未曾再創新高，股價低迷到今天，可見投資人對無法突破新高價的股票，連看都不看一眼。

　　右頁圖表2-8是麒麟啤酒和朝日啤酒1999～2010年的股價走勢圖。由圖表可知兩家公司的股價呈現相同走勢，無論買哪一支都差不多。

　　接著我們來看獲利。就1998年12月期的經常利益來看，朝日啤酒是571億日圓，麒麟啤酒是636億日圓。在全球陷入不景氣之前的2007年12月期，朝日啤酒的獲利是902億日圓，麒麟啤酒則是1234億日圓。

　　九年來，朝日啤酒獲利成長了1.58倍，麒麟啤酒則成長了1.94倍。換算成年率，則朝日啤酒成長5%，麒麟啤酒成長8%。從基本面分析來看，顯然麒麟啤酒表現比較優秀。如果股價能如實反映獲利的話，朝日啤酒應該上漲58%、麒麟啤酒應上漲94%才對。

　　接著我們來看這兩家公司在2007年以後的股價表現。在日經平均指數下跌的趨勢中，這兩家公司的股價也同時轉為下跌。2008年12月期，朝日啤酒的獲利是965億日圓，有7%的獲利成長，而麒麟啤酒的獲利是1030億日圓，出現-17%的衰退。然而就股價而言，兩家公司在下跌行情裡的股價走勢卻相差無幾。

　　到了2009年，兩家公司的股價都大幅回升。就2009年12月期的經常利益來看，朝日啤酒是-6%，麒麟啤酒則是+40%，獲利差距極大，卻沒反映在股價上。

　　由此可見，對投資人來說，這兩家公司的獲利差異都在誤差範圍內。日本上市上櫃公司大約有4000家（按：台灣2013年是1448家），其中獲利成長高達20%甚至30%的公司比比皆是，相較之下，**長期只有5～**

圖表2-8 獲利成長未達20%，無法創新高

■ 朝日啤酒與麒麟啤酒的月K線圖

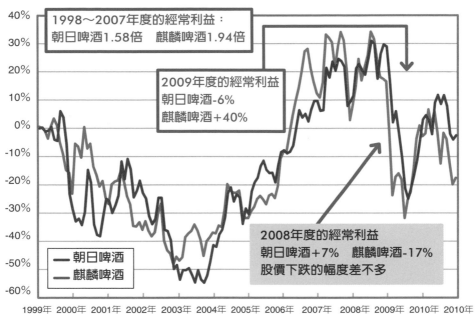

說明：這兩家公司都在12月決算；左側數據是以1999年1月為基準點的漲跌幅百分比。

8%成長率的公司實在不具檢討價值。既然這些公司的股票無法創新高價，些微的成長差距也就容易遭人忽視，最後股價走勢就變得和同業其他公司一樣了。

獲利成長但股價未創新高，別買

一般來說，股價與公司獲利是連動的：公司獲利好，股價就上漲；獲利差，股價就下跌。然而，遭市場忽略的股票，會出現獲利和股價不

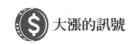

連動的情況。以下我舉實例說明。

右頁圖表2-9是日本最大縫紉機公司JUKI的股價走勢圖。圖表中央紅色圈圈的部分便呈現獲利成長、股價卻下跌的情況。如果投資人在這段期間看到該公司獲利亮眼就進場購買，肯定會賠錢。

該公司雖然一度陷入獲利低迷期，但自1990年代後半期以來，以中國為首的亞洲各國對縫紉機的需求支撐了公司獲利，使該公司進入長期性成長。如同日本竄升為經濟大國時，纖維的出口帶來龐大獲利一樣，亞洲新興諸國的成長也是立基於纖維工業（按：指以染色、縫紉等經過加工的紡織品）。

UNIQLO等日本衣料用品企業，雖然主要都在中國生產，但為了力求品質，會針對加工廠使用的縫紉機指定機種，於是全球市占率40%的JUKI縫紉機自然獲得指定，再加上中國開始要求調漲工資，導致工廠對不依賴人工的高性能縫紉機，需求與日俱增。

規模第二大以下的縫紉機製造商，多半將商品主力放在低價縫紉機上，使得已占全球最大市占率的JUKI，得以再擴大市占率。然而，即使該公司獲利成長了，但股價只要無法突破新高價，就會下跌。

相對地，股價一旦突破新高，股價和獲利就會雙雙成長，再加上買氣會拉抬股價，短時間內股價就會急遽成長。這時就是投資股票「最美好的時期」。以JUKI來說，自2005年8月創新高價後，股價便一路飆漲，到了2007年9月已經上漲將近兩倍。

市場終會給JUKI公道，但在獲利與股價不相稱時買進，逮到底部，意謂得套牢（長抱）很久。

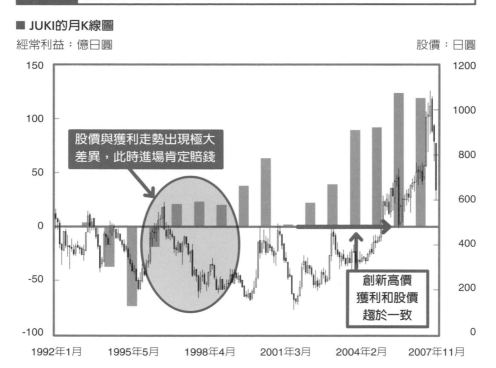

圖表2-9 獲利和股價的走向不一致：不知何時落底

■ JUKI的月K線圖

經常利益：億日圓　　　　　　　　　　　　　　　　　股價：日圓

股價與獲利走勢出現極大
差異，此時進場肯定賠錢

創新高價
獲利和股價
趨於一致

你永遠不會知道底部在哪

　　有些投資專家鼓勵散戶「逮到股價底部」，這是一種效率極差又無法獲利的投資法，因為投資人是基於「公司獲利變好，股價就會上漲」的理由購買股票，當股價落到底部，有時會立刻反映獲利的好壞（漲上去或跌更慘），有時則會延遲。**投資人即使知道某家公司獲利即將好轉，也無從得知獲利帶動股價上揚的確切時間點**，想用這個方法投資獲利，要有長期抗戰的心理準備。股價跌到谷底的公司，通常獲利進一步惡化的機率極高，在這種情況下，「逮到底部」反而會蒙受極大損失。

圖表2-10 股價落底，晚於獲利谷底

■ 松田產業的月K線圖及獲利

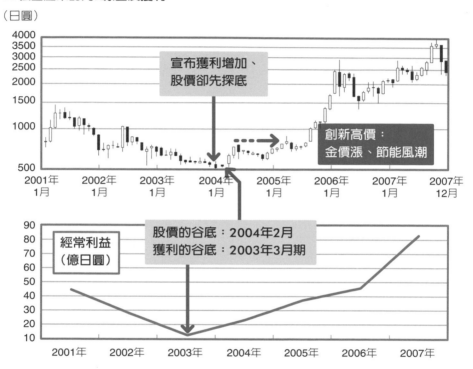

說明：獲利的2001意指2001年3月期；月K線圖是對數。

我們來看股價落底和獲利低點不一致的例子。圖表2-10是松田產業的月K線圖及獲利（各年度的經常利益）對照表，該公司的獲利在2003年3月期跌至谷底。松田產業專門回收使用在電子機器等製品上的貴金屬，頗具規模，由於金價上漲，回收的貴金屬價值也跟著水漲船高，因此該公司在2003年9月期宣布經常利益比前年同期增加了90%。然而該公司的股價卻旋即下跌，並於2004年2月跌至谷底，直到2005年3月股價創新高後，在金價上漲及節能風潮的影響下，該公司的股價及獲利才都雙

雙順利成長。

　　相反地，也有股價比獲利更早探底的例子，丸悅公司便是其中一例。丸悅公司是日本首都圈極具代表性的超級市場，不同於其他公司，在2007年以來的全球不景氣時期，斷然採取裁員措施，結果當其他零售業者獲利都下滑時，該公司卻因為裁員確保獲利成長，在一片下跌的日經平均指數中，股價一枝獨秀。

　　下面的圖表2-11顯示出該公司各年度上半期及下半期的獲利。根據

圖表2-11 股價落底，早於獲利入谷底

■ 丸悅公司的月K線圖及獲利

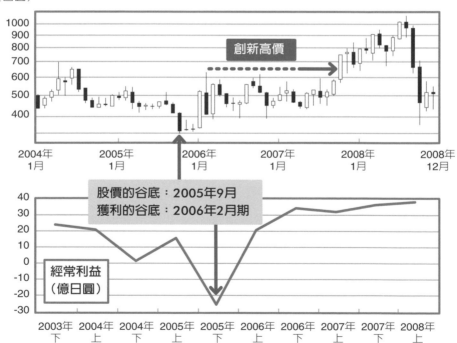

說明：上、下是指半年期的獲利；月K線圖是對數。

圖表，獲利谷底落在2006年2月期（2005年度下半期），這是該公司第一次出現經常帳赤字，股價則在更早的2005年9月就跌至谷底了。

選在創新高價時進場，就會賺

多數投資人都覺得「在股價創新高時買進很可怕，希望能買得便宜點」。會這麼想固然是人之常情，但仔細觀察股市就會知道，聰明的投資人都選在股價新高時買進。

右頁圖表2-12呈現出三井不動產在2005年8月時，受到景氣好轉及不動產投資信託基金（REITs）市場擴張的影響，股價創新高時的情況。如同股票市場是讓公司能夠以股票的形式持有及流通的結構一樣，REITs是讓不動產變成可以用證券形式來投資的工具，對業界而言，這是畫時代的創舉。

圖表2-12上方是月K線圖（2001～2007年），中間則是日K線圖（2005年6～9月）。從月K線圖可知，該公司自2004年4月創下1394日圓的高價後，股價一直持平，直到2005年8月再創新高。我們從日K線圖來看當時的成交量，可知股價再創新高的當天，成交量高達1451萬股。之後的成交量和股價再創新高前相比，也頗具水準。

也就是說，**自從股價再創新高之後，成交量就增加了**。這代表少數聰明的投資人注意到該股並積極購進股票。或許你會認為：「成交量變這麼大，表示很多人都知道這支股票的好處，這下子利多消息應該出盡了吧？」但這種想法是錯的，無論該股的成交量多大，從股市的整體成交量來看，也只有一小撮投資人注意到這支股票而已。

在標的開始受歡迎的時間點買股，才是最有效率的投資法。也就是

圖表2-12 股價創新高就會開始往上飆

■ 三井不動產的股價走勢及成交量

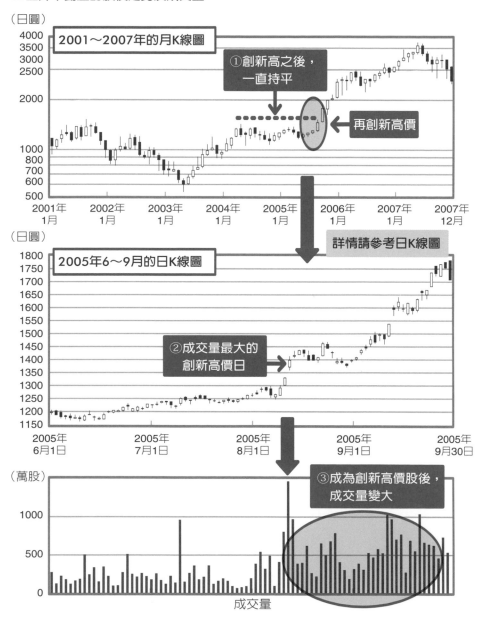

說，創新高價時就是買進股票的好時機。想要成為獲利的投資人，千萬別忘了這一點。

獲利重點

◎無法創新高價的股票即使獲利成長，股價仍可能長期在谷底波動。

◎雖說人人都想撿便宜，但聰明的投資人會選在創新高價時才進場。

4 讀出K線圖上的 飆漲能量

要練到一眼看出「這支股票今天創新高價了！」需多看股價走勢圖，因為股價的走勢有很多種。第一步是了解股價的基本走勢。

創新高價股的特質：股價平穩

你或許以為：「只要看K線，從中找到股價突破過去兩年多來新高的標的，就可以找到股價創新高的股票了吧？這還不簡單！」這麼說一點也沒錯。然而一旦你開始找，就會發現一點也不好找。不過，懂得基本原則，就不會那麼難了。

首先，你要了解「創新高的股價」走勢基本型，請見第67頁圖表2-13。創新高價的本質就是破壞穩定狀態；穩定是指股價進入平穩期、在走勢圖上只有微小起伏的狀態。

當你看到「破壞穩定狀態」，可能會覺得「怎麼跟我理解的差那麼多」，但會這麼想，絕對不是理解力有問題，而是充分了解前文內容的關係。

我們再複習一次創新高價的定義。創下「史上最高價」是指突破過去的最高價格，而創下「近年來高價」是指突破近年來高價。定義就這兩句話而已，完全沒提到「穩定」二字。那麼，「穩定」二字為什麼會是創新高股的本質呢？

平穩期，是在蓄積飆漲能量

如果把股價上漲期的走勢分成兩大類，可以分成：

①穩定狀態
②暴漲期

也就是說，股價會經歷一段穩定期，才突然大幅上漲，另一方面上漲到某個程度後，也會再度進入穩定期，這就是股票的習性。股票不會像手扶梯那樣緩緩上升，而是上升一階後休息一下，再上升一階後再休息，呈階梯狀上升。

右頁圖表2-13裡畫了一條朝右上方上升的虛線，這條虛線代表「股價正確反映基本面時的走勢」。當企業獲利每年都成長時，照理說股價也應該每年上漲才對；然而股市有自己的規則，當市場買氣集中在其他類股，或是獲利雖然增加、卻因成長率低失去投資人的關注時，股價便會持續低迷。

然而長期下來，股票應有的價值和目前的股價之間，將產生極大的落差。這時企業獲利一旦大幅增加，在投資人的關注下，股價便會一口氣暴漲到原本應有的水準。突然受到關注的股票會毫無止境地飆漲，有時甚至超過應有的水準。讀到這裡，你應該了解新高價與股價平穩期之間不可分割的關係了吧——突破過去的高價、創下新高價，使股價從原本的平穩期進入暴漲期。

當平穩期愈長、股價波動愈緩慢，就會累積愈多潛在的上漲能量。因為平穩期愈長，表示股價愈背離原本的上升斜線；股價的震盪幅度愈

圖表2-13　大漲訊號：要有蓄積飆漲能量的平穩期

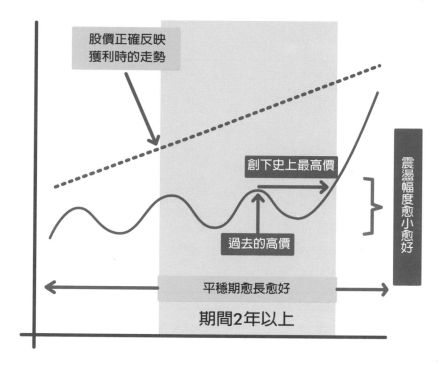

股價正確反映獲利時的走勢

創下史上最高價

過去的高價

震盪幅度愈小愈好

平穩期愈長愈好

期間2年以上

小，表示愈多的上漲能量未被消耗。

　　下頁圖表2-14是貝親公司（按：日本最大育兒用品公司）的股價走勢圖。該公司從2004年6月至2008年6月的4年間都處於股價平穩期。經常利益從2004年1月期的25億日圓，增加至2008年1月期的32億日圓，成長了大約27%，股價卻呈現持平狀態，這種背離現象之後將轉化為股價暴漲的能量。還有，紅線框起來的股價平穩期和暴漲期相比，K線部分較短，這表示價格變動較為緩慢。

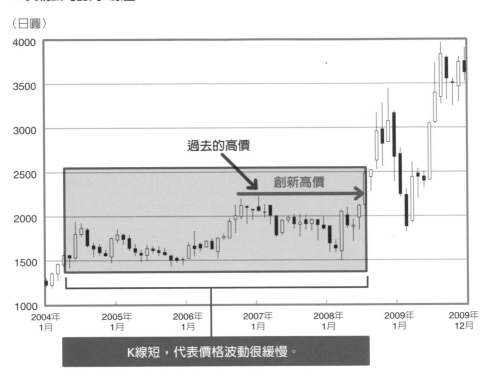

圖表2-14 基本型範例：累積飆漲的能量

■ 貝親公司的月K線圖

（日圓）

過去的高價

創新高價

K線短，代表價格波動很緩慢。

大漲訊號：反彈幅度達六成

　　如果現實生活中股價走勢圖都是基本型就好了，但世上可沒這麼好康的事。請回想學生時代的考試題目，很少會直接出基本題型，大多是應用題吧。股價走勢圖也多是應用類型。這個世界任何事情都有可能發生，而企業的獲利及投資人對該企業的態度也會隨之改變，這些複雜的變化都會呈現在股價走勢圖上。

　　股價走勢圖的應用型，主要有兩大類型，我們就用下面兩個例子一起學習！

[應用型1]

　　下方圖表2-15是應用型的第一種類型。和基本型相比，股價平穩期較短，同時出現極大的上升行情時，股價往往會像這樣在中間進入一小段平穩期。三菱商事就是這種典型的反彈股，其股價從2003年4月的678日圓開始上漲，並在2006年進入股價平穩期。這段平穩期非常短暫，如同圖表中的紅線所示，在2007年5月看到了最後的買股信號（創近年新高）。

圖表2-15 第一種應用型：暴漲之後短暫（1~2年）進入平穩期

■ 三菱商事的月K線圖

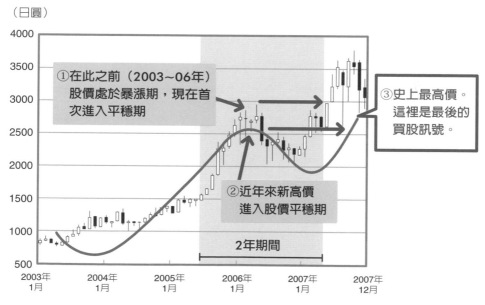

說明：網底部分是從創新高價日開始，往回追溯2年的期間。

[應用型 2]

　　圖表2-16是第二種應用型。股價在漲至頂點後開始下跌，接著進入股價平穩期，之後再次突破平穩期的時候，便是進場買股的時機了。應用型2和應用型1一樣，股價平穩期非常短暫（一年），走勢卻比應用型1複雜許多，因此有幾點必須特別注意。

　　首先我要說明「反彈」的定義。當一支股票從800日圓跌到500日圓時，跌幅是300日圓。當股價從500日圓漲回700日圓時，上漲的200日圓就是反彈。相對於跌幅300日圓，反彈的幅度是三分之二，也就是66.6%。

　　圖表2-16的股價走勢圖（應用型2）有兩大重點：

圖表2-16　第二種應用型：跌幅不深，反彈強勁

■ 愛捷是的月K線圖

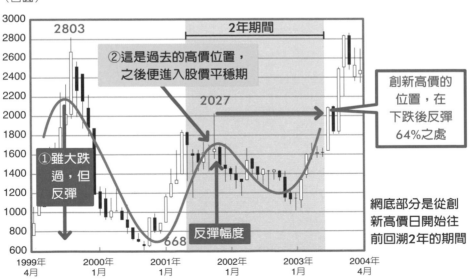

第一，這是一支從股價頂點來看，跌幅不大的股票。相反地，從最高價跌幅愈大的標的，股價走勢圖就會愈偏離基本型。一般而言，當股價從頂點下跌超過一半時，這檔股票很難回到原有價格（像應用型2那樣再創新高價的標的，相當少見）。

第二，這是一支反彈幅度極大的標的。具體來說，反彈至創新高價的幅度，最好能達到跌幅的六成以上。

這兩點所要表達的重點其實是一樣的，都是指在愈高位置發現買股信號，愈能帶來獲利效果。

圖表2-16為愛捷是公司（按：日本市占率第一的專業盤點公司，在台灣有設分公司）的走勢圖，該公司在1999年創下2803日圓的高價後，股價在2000年跌到668日圓（跌幅是2135日圓），然後在2001年反彈回到2027日圓（反彈幅度是1359日圓），算起來反彈幅度高達64%。當個股突破反彈高價時，就是進場的時機點。

> **買股公式2：**
> 「近年來高價」的出現位置非常重要，應以反彈幅度達到六成以上為目標。

反彈力道代表企業競爭力

說到這裡，你應該能夠分辨假的反彈訊號了吧。下頁圖表2-17列舉出兩種「假反彈股」的股價走勢圖。圖1完全沒有股價平穩期，因此沒有可成為標記的史上最高價，自然也沒有所謂的「創新高價」；圖2則是反彈幅度太小了。

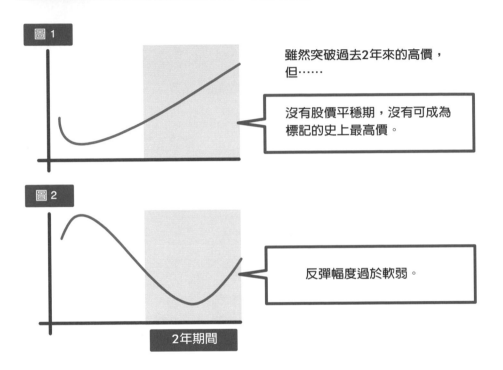

圖表2-17　假的反彈訊號：沒有股價平穩期或反彈不高

圖1

雖然突破過去2年來的高價，
但……

沒有股價平穩期，沒有可成為
標記的史上最高價。

圖2

反彈幅度過於軟弱。

2年期間

　　右頁圖表2-18列舉了假的反彈訊號實例。上圖的日本信號公司（按：日本號誌機製造商龍頭）在2009年6月創下過去兩年來（從2007年7月起算到2009年6月）的新高價。該公司的股價雖然在這段期間創下新高，但股價走勢圖裡既看不到平穩期，也沒有可成為標記的史上最高價。

　　如果你用選股軟體搜尋「過去兩年曾創新高價的標的」時，會跑出許多符合條件的個股，可是**要在軟體裡設定平穩期需要高超技術，親眼看線圖確認，是最不會出差錯的方式**。

　　圖表2-18下圖的COLOWIDE（按：日本餐飲集團）雖有股價平穩期，但反彈幅度過小。這支股票從2006年1月的最高價1098日圓一路跌

圖表2-18　假的反彈訊號實例

■ 日本信號的月K線圖

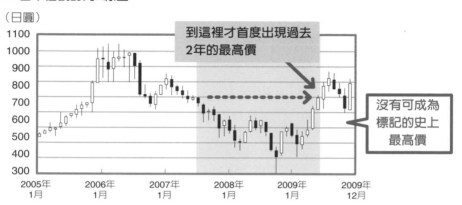

■ COLOWIDE的月K線圖

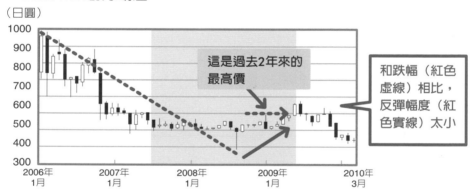

說明：網底部分是從創新高價日開始回溯2年的期間。

至2008年10月的390日圓新低後，於2009年3月回到599日圓。雖說突破過去兩年來的高價就是創新高價，但反彈幅度只有30%。

　　股價低代表獲利差，也意謂著企業競爭力恢復遲緩。就基本面來看，經常利益由2006年3月期的39億日圓減少至2009年3月期的15億日

圓，光憑這一點我就不可能買這支股票。但即使不進一步調查公司獲利，光看股價走勢圖也能發覺該公司獲利惡化。

你需要的情報，網路上都查得到

如果有網頁能把過去兩年創下新高價的個股做成一覽表就太方便了，可惜目前沒有這種網頁，投資人必須一一看走勢圖篩選。

或許有人會覺得這種方式很麻煩，但這是磨練投資之道的絕佳辦法。要設計出會自動選股的程式並不容易，因此這種近乎土法煉鋼的篩選方式，對擅長寫程式的散戶及法人未必很方便，但只要學會，贏面就會比別人大。

想要精通股票投資之道，請磨練看K線圖的能力。本書所舉的應用型及假反彈股的範例，都是典型的走勢圖。舉例來說，如果有一支股票股價突破了1年10個月來的新高，因為未滿2年，本來並不符合創新高價的定義，但如果其他條件都符合，你納入投資組合也無妨。不過，如果上一次創下最高價的時間點已經超過10年，就不必考慮了。

此外，有些標的沒有明顯的股價平穩期；還有，雖說股價在平穩期間的波動幅度愈小愈好，但無法用明確的數字來定義。所以，最好的方法就是多看走勢圖，每天分析「這支股票的反彈走勢是真是假」，才是最有效的學習方法。

現實生活中的股價走勢圖形形色色，當無法做出正確判斷時，請回到基本走勢圖，比較它和本節介紹的基本型及應用型有何差異，就是判斷的依據。

獲利重點

◎理想的創新高價股是突破股價平穩期的標的；股價平穩期愈長、波動
幅度愈小愈好。

◎在長期的股價走勢圖中，創新高價的出現位置愈高，投資獲利的機率
就愈高。

5 退潮時，
看穿誰在裸泳、誰要衝鋒

假設股市即將進入上升行情，那麼哪支股票會成為主力股？分析以往大盤指數跌到谷底時的情況，我發現反彈股都具備相同的特徵。引領下一波上升行情的主角們，早就開始進場了。

　　股市的特性本來就是有漲有跌，不管怎麼跌，總有一天一定會翻轉上漲，到那時，哪支股票會變成最活躍的明星呢？現在就能看到徵兆嗎？本節就要回答上述問題。

　　在回答之前，讀者要先了解何謂「股市跌至谷底」，想必很多人認為那是指「大盤指數已經止住跌勢，開始回升」吧。這個答案固然正確，但只解釋了其中一個面向而已。

跌到谷底，主力股會「輪替」

　　股市指數暴跌至谷底，跟創新高價一樣，也意味著新時代即將來臨。新時代會出現新的主角（個股）。當行情來到最低點時，下一波上漲的股票，不會是一路下跌至谷底的標的，而是另一支股票來引領下一個時代振翅高飛。換句話說，所謂的**行情最低點**，是指購買引領新行情的股票的勢力，力道開始大於拋售一路下跌的主力標的的勢力，**亦即主力股發生輪替的時期**。

　　請參照右頁圖表2-19，最上面的曲線是日經平均指數的走勢，下面

圖表2-19　主力股會在行情最低點時輪替

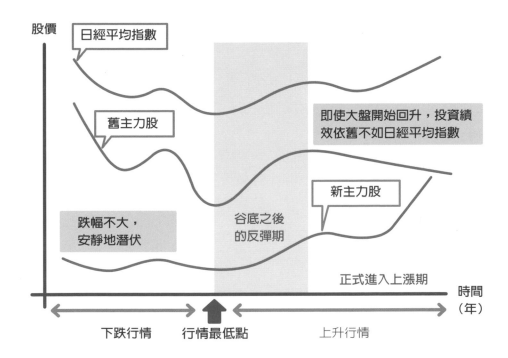

兩條曲線分別是兩支個股的走勢。X軸上雖未標示時間長度，但這張圖表的時間單位是年。

　　日經平均指數曲線下面的那一條曲線，是大盤的舊主力股，當日經平均指數下跌，這些主力股也跟著跌，跌幅有時高於日經平均指數，有時則較低。但無論如何，很多標的都出現相似的下跌走勢，當下跌標的變多，指數當然就會下跌。

　　相形之下，新主力股（圖表2-19最下面的一條曲線）為數不多，而且股價在下跌行情裡跌幅也不大，然而當日經平均指數開始走揚，這支股票立即搖身一變，成為新時代的主力股，股價迅速上漲。

有一點必須注意，就是股價跌至谷底後會產生反彈。當市場全都陷入悲觀，股價就會跌到谷底，有時跌幅超過應有的程度。因此，每支股票都會在行情跌至谷底後反彈上漲，尤其是跌幅過高的股票，反彈幅度會愈大。通常反彈標的大幅上漲的情況，會出現在大盤指數上升行情的初期（在圖表2-19裡，網底部分就是大盤跌到谷底後的反彈期）。

不過，我們無法確定這段反彈期將持續多久，很可能只是曇花一現。所以就投資策略而言，最好把重心放在可預期會有長期上漲趨勢的新時代主力股上。

曾經大漲，就很難大漲了

新時代會出現新的主力股，帶頭下跌的舊主力並不會在下一個階段重展雄風。當圖表2-19的舊主力股遇到真正的上升行情時，可能會像圖表裡的曲線那樣轉而下跌，或即便股價上漲，漲幅頂多和日經平均指數一樣而已。

我以第80頁的圖表2-20來說明，村田製作所（按：電子零件專業製造廠）是2000年前網路熱潮的主力股，在1998至1999兩年期間，股價上漲了8倍，其後在網路泡沫化後股價慘跌，2003年日經平均指數跌至谷底時，它也跟著跌至谷底。然而日經平均指數在2003年從谷底開始翻轉後，這支股票漲幅雖與大盤相同，然而一旦失去引領行情的地位，就再也無法重回寶座了。也就是說，當一支股票在投資人的心中留下「這支股票曾經大漲」的印象，就不會再那樣大漲了。

為什麼舊主力股無法重展雄風呢？從支撐股價上漲的時代背景來思考，一點也不難理解。當年的背景是網路熱潮引爆行動電話及網路的

普及化，如果科技類股要在2003年起的全球股價上漲潮中重返**主力**股地位，必須研發出超越行動電話及網路的新技術席捲全球才行。2000年前後發明的網路科技是數十年來僅見的技術革新，那種進步並非經常可見。

我們回頭來看村田製作所的獲利。原本在1999年3月期，經常利益僅有616億日圓，到了兩年後的2001年3月，便急速增加至1739億日圓。但網路泡沫破滅的隔年2002年3月，經常利益減少至524億日圓。之後因景氣好轉，獲利一度回升，但2008年3月期的經常利益也只有1218億日圓，只剩下網路時代的七成。

與此同時，村田製作所的股價表現如何？日經平均指數跌到谷底後的反彈期間，這支股票在最初的四個多月，曾經從最低價短暫回升了75%，也就是下頁圖表2-20條柱狀網底的部分。如果能在這段期間逢低買進並在最高價時賣出的話，當然再好不過，但實際上，想要精確掌握到最低價和最高價並非易事。村田製作所從反彈期的高價到2007年的最高價，只上漲了35%。對照日經平均指數自2003年以來已上漲兩倍，可以看出在新時代還是投資新的主力股，才是有效率的投資。

同樣情況也發生在美國的微軟身上。微軟在網路泡沫化之前可說是時代寵兒，股價從1995年到1999年的高點，共上漲了16倍。但自從網路泡沫化後，該公司的股價表現並不理想。即使美國道瓊工業指數從2000年的11000點左右上漲至2007年的14000點，微軟股價也只回到1999年最高價的六成而已。

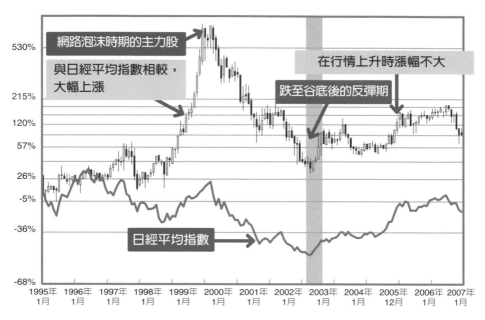

圖表2-20　舊主力：即使行情反轉，也無法敗部復活

■ 村田製作所的月K線圖

網路泡沫時期的主力股

與日經平均指數相較，大幅上漲

在行情上升時漲幅不大

跌至谷底後的反彈期

日經平均指數

說明：股價以1995年1月為基準來指數化的結果。

大漲的訊號：大盤大跌我不跌，反漲

　　反彈股幾乎都是靜悄悄地藏在下跌行情裡，如同圖表2-19的新主力股，在日經平均指數下跌時，不是跌幅極小就是維持相同的股價，有的反彈股甚至逆勢上漲，**沒有隨著日經平均指數下跌**。

　　典型例子就是圖表2-21的奧林巴斯（Olympus，精於光學與成像的日本企業）。雖然日經平均指數在千禧年的網路泡沫化之後跌掉大約60%（2003年4月的谷底），但奧林巴斯的股價在那段期間幾乎沒有下跌，一

圖表2-21 新主力：大盤走跌還能逆勢上揚

■ 奧林巴斯的月K線圖

①在日經平均指數下跌時，股價持平

③創新高價

②日經平均指數的谷底

說明：股價以2000年1月為基準來指數化的結果。

直持平波動，因此和日經平均指數相比成長了60%。當日經平均指數跌至谷底後，該股又在隔年5月創下新高價。也就是說，當日經平均指數徘徊在新低價位時，該股卻創下史上最高價，在3個月內上漲了50%。

對照奧林巴斯的獲利情況，股價創新高時，該公司的收益（2003年3月期上半期），與前一年同期相比增加了120%。在網路泡沫化後，當多數公司都因獲利銳減而陷入困境時，奧林巴斯依舊維持亮眼的獲利。

在大盤持續走跌下還能逆勢上揚的股票，通常可以維持住漲勢。就拿海運類股來說，儘管日經平均指數自2000年以來已下跌六成，但圖表

2-22的川崎汽船（按：日本前三大海運公司之一）卻在指數跌至谷底的半年前開始逆勢上漲，然後又在指數跌到谷底的2個月前創新高價，漲至2002年最低價時的2倍。

該股最後在2007年漲到最高點，是最低價時的12倍之多。與此同時，公司獲利也表現同樣亮眼，原本2002年3月期的經常利益只有120億日圓，到了2008年3月期已經成長大約10倍，達到1259億日圓，就是這樣的股票才能逆勢上漲。

圖表2-22 大漲訊號：在下跌行情中能逆勢上漲

■ 川崎汽船的月K線圖

說明：股價是以2000年1月為基準來指數化的結果。

愈早創新高價，後勢愈可期

下方圖表2-23是我調查2003年到2008年間，市值前50大企業的股價何時會創新高價，以及從新高價到後來的最高價又上漲了多少所製作的圖表。市值前50大企業，共占東京證券交易所整體市值近五成，足以代表全日本（但圖表2-23的前50企業中，有3家是新成立的公司，所以實際上我只調查了47個標的）。

為方便各位理解，我在圖表上加上一條近似整體傾向的直線。從圖表可知，愈早創新高價的股票，之後上漲率愈高。愈早創新高價的股

圖表2-23 **愈早創新高價，未來漲幅更大**

■ 「創新高價的時間點」到「漲至最高點」之間的漲幅（市值前50大企業）

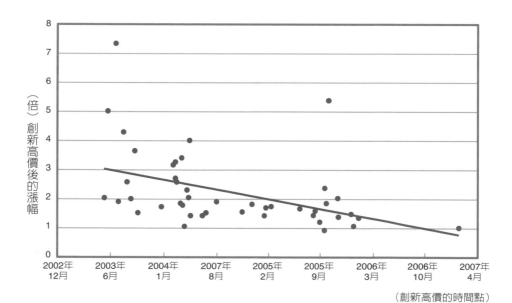

（創新高價的時間點）

票，基本面愈好。早一點創新高價的股票，相較於晚一點才創新高價的股票，在之後的上升行情中受到市場矚目的時間較長，且股價的上升期也較持久，能帶來較高的上漲率。

遇到下跌行情時，大多數的股票都會一起跌，只有少數股票跌勢較輕微，未來的反彈股就在這裡面。當市場轉為上升行情時，搶先創新高價的股票將獲得更高的收益。在2007年的下跌行情中，有些個股的股價走勢呈現持平或上漲，此時便能從中找出下一波的反彈股。

光靠一、兩支龍頭股還無法帶動大盤上揚，但等到這樣的股票累積到一定數量，就是大行情的起點了。

獲利重點

◎新舊主力股會在行情谷底「輪替」，新主力將是下跌行情中跌幅較低的股票。

◎當大盤跌到谷底後，搶先創新高價的股票，之後的漲幅也會比較大。

6 大盤會漲或看跌？馬上算給你看

大盤指數的走勢會左右個別股票的未來動向，但至今仍無一種有效方法，可以預測行情的強弱。不過，只要聚焦於創新高價股，連大盤的上漲力道也能馬上找到答案。

如果大盤的漲跌對投資成果毫無影響，投資人大可不必理會一切預測市場走向的論述；但很遺憾，大盤漲跌對投資結果有著巨大的影響。

關於這一點，我將從投資成功的機率來解說。本書的投資方式（鎖定創新高價股）在**上升行情出現時將有60%以上的成功機率，若是遇到暴漲行情，成功率甚至高達80%；但如果出現下跌行情，成功率則會降至20%左右。**

雖然我說「在上升行情出現時將有60%的投資成功率」，但事實上，成功率會受到行情強弱的影響，所以個股的投資成功機率，會因為大盤的強勁與否，在20～80%之間波動。

或許你會覺得：「成功機率差距這麼大，我不敢投資。」這可能是被我「投資成功機率在20～80%之間波動」的說法所誤導，其實**長期來看，大盤處於下跌行情的期間只占整體股市不到二成，**而且很少有個股能在大盤下跌期間創新高價。換句話說，只要鎖定創新高價股進行投資，實際上成功的機率很高——當然，最重要的前提是要關心足以左右個股命運的市場動向。

有投資界鬼才之稱的威廉‧歐尼爾的著作《笑傲股市》，曾創下美

國投資理財書籍最大發行量的紀錄。他在書中表示：「知道市場何時漲至高點或何時跌到谷底，占這個複雜遊戲成功機率的50%。」從這個觀點來看，我在本節說明的公式非常重要，本書有一半的價值全都取決於這條公式。

或許有人認為：「無論怎麼認真學習買股和賣股訊號，當股市大跌時，一切都是枉然。」但這也是沒辦法的事。

身處已開發國家的我們即使出生在貧困的環境中，只要努力就能完成學業、從事令人敬重的工作，但如果是出生在非洲的開發中國家，很可能再努力也很難改善生活。我舉這個例子，是為了說明比起個人的努力，環境對個人的影響更大。

以當沖交易這種極短期的交易來說，很容易被視為與大盤的中期走勢無關，但實際上在上升行情期間，買進的交易雖可帶來極大獲利，提早賣出卻會造成損失。不受行情影響的當沖交易都這樣了，何況是中長期投資股票，個股漲跌更是深受行情影響。

掌握創新高價股，就能預測大盤漲跌

那麼，投資人該如何預測日後的行情上漲力道？今後大盤會下跌還是上升？如果是上升，漲勢是一路飆漲還是虎頭蛇尾？該如何判斷？習慣只用技術面分析大盤的人，可能會認為「根本沒有方法能提高預測準度」。其實想提升預測準度，必須了解上升行情的本質，而其中關鍵就在創新高價股上。

如同前面所述，當市場處於上升行情時，並非所有的股票都會同時上漲，而是在創新高價股的帶動下上漲。因此，計算出帶動行情走勢的

個股數量，就能斷定行情上漲的能量。

我的投資策略是購買創新高價股，但因為創新高價股根本就不會出現在下跌行情中，所以**下跌行情裡沒有可購買的標的**。既然不買股票就不必擔心損失，也就沒必要畏懼下跌行情。這就是購買創新高價股的最大優點。相形之下，鼓吹投資人要「逮到底部」的投資法，則是以股價下跌為理由建議投資人購買，這麼做很可能因為股價之後繼續狂瀉，而使投資人陷入虧損增加的風險中。

另一方面，當大盤出現暴漲行情時，每天都會出現很多創新高價股。因為整體股市上揚，即便在選股時犯下一些疏失，也不至於造成損失。只要能按照獲利公式購買股票，股價在短期間內暴漲數倍，也是稀鬆平常的事。

你可能會安心地想：「如果大盤下跌不必擔心虧損、大盤飆漲時又可大大獲利，就沒得抱怨了。」話雖如此，但有一點你必須特別注意，那就是「上漲力道不足」的行情。因為如果上漲力道不足，依然會出現創新高價股，但問題是購買股票後，市場會在短期內轉升為跌，並連帶影響到你買進的股票出現帳面虧損。因此，該如何避開這種大盤上漲力道不足的情況，就是本節重點。

在這種時候，請特別注意創新高價股的數量。也就是說，**創新高價股愈多，市場的整體上漲力道就愈強**。上升行情會因上漲力道的強弱，而出現兩種情況，請參照下頁圖表2-24。

情況一：創新高價股多，代表行情走勢上揚。如果上漲行情持續一年以上，就有較多機會積極買進不同標的，獲利自然不少。

情況二：創新高價股少，漲勢很快就終結。在大盤指數疲弱的情況下，投資個股難以獲利，必須慎重考慮是否進場。

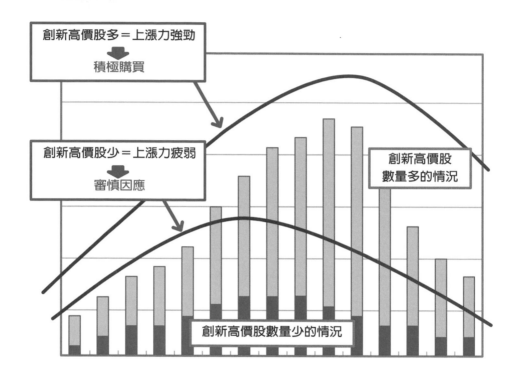

圖表2-24　創新高價股愈多，上漲力道就愈強

創新高價股多＝上漲力強勁
　　　⬇
　　積極購買

創新高價股少＝上漲力疲弱
　　　⬇
　　審慎因應

創新高價股
數量多的情況

創新高價股數量少的情況

首先，算出「創新高價股數量比」

　　將上述概念化為公式，就是「創新高價股數量比」。這個比例必須每天計算。

過去一年來創新高價股的數量

$$創新高價股數量比 ＝ \frac{過去一年來創新高價股的數量}{大盤所有股票數量}（\%）$$

　　關於此比例的應用方式，我將對照日經平均指數的實際走勢具體說明。請參考2001年以後的日經平均指數走勢及創新高價股數量比的變化（比例數字以每10日的平均值來表示），以下我依照時期，分成兩個圖表來解釋。

①2001年1月～2005年4月（見圖表2-25）

　　圖表2-25由股價下跌期（前半）和上漲期（後半）所構成。如圖所示，股價下跌期間，創新高價股數量極少，直到上漲期時才開始增加。

　　請注意2003年4月日經平均指數跌至谷底7607點的時間點。在**指數跌至谷底前，創新高價股的數量比已開始增加**，這是值得關注的事實。

　　日經平均指數明明創下泡沫破滅14年來的最低價，突破過去1年來高價的個股數量反而增加了，真是令人驚訝。如果所有的股票都隨著日經平均指數漲跌的話，不應該出現這種情況。這表示行情已偷偷轉向，未來的漲勢開始起跑了。

　　當日經平均指數在2003年4月跌至谷底後，創新高價股數量比便開始急速成長，可見說這些創新高價股，就是日經平均指數上漲的原動力。

②2005年5月～2008年10月（見圖表2-26）

　　創新高價股數量增加、日經平均指數上漲力道強勁的情況，一直持續到2006年4月（來到17563點），之後行情進入平穩期。2007年日經平均指數雖然創下新高，但創新高價股數量比卻陷入低迷；也就是說，帶領行情上漲的標的不多。

　　出現比例低迷的狀況，表示即使市場行情上漲，如果欠缺帶動行情的個股，上漲力道也難以為繼。日經平均指數在2007年7月攀至最高點後，出現百年不遇的暴跌。這段期間的創新高價股數量比，自然也持續低迷。

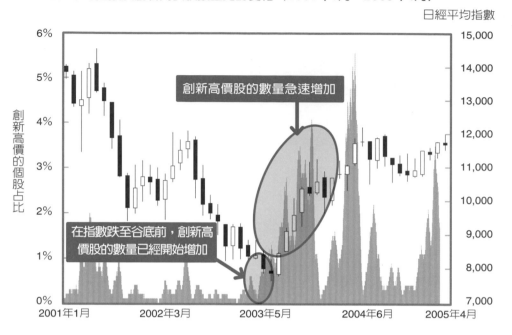

圖表2-25 大漲訊號：創新高價股數開始增加

■ 日經平均指數及創新高價股數量比的變化（2001年1月～2005年4月）

日經平均指數

創新高價的個股占比

創新高價股的數量急速增加

在指數跌至谷底前，創新高價股的數量已經開始增加

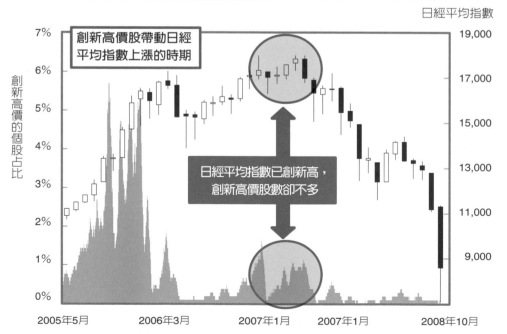

圖表2-26 創新高價股數量少，上漲動能就會小

■ 日經平均指數及創新高價股數量比的變化（2005年5月～2008年10月）

日經平均指數

創新高價的個股占比

創新高價股帶動日經平均指數上漲的時期

日經平均指數已創新高，創新高價股數卻不多

上述內容可匯整成以下公式：

預測大盤漲勢的公式：

藉由創新高價股數量比，來推測行情漲勢的強弱。

比例低，行情漲勢薄弱；比例高，行情漲勢強勁。

運用「創新高價股數量比」時，你可能會提出以下二個疑問。

①有沒有「占比超過多少％，股市就會大漲」的基準點？

「創新高價股數量比」的數值愈大，代表市場上創新高價股數量愈多，出現上漲行情的機會就愈大，對此常有人問我：「能不能給我一個數字，能立刻斷定股市一定會大漲呢？」很遺憾，並沒有，在這種時候企圖「套公式」將非常危險。

在股票的技術面分析上，設定基準值通常結果會不如預期。例如漲跌比例（一定期間內的上漲個股數量總和，除以下跌個股數量總和得到的數字，一般以25天為期）雖可用來預測市場高低點，但一般大家認定的「漲跌比超過120％就算行情高點」其實不足為憑。如果按此標準，在漲跌個股數量比達到120％時賣出股票，很可能是提前脫手還會再上漲的股票。創新高價股數量比的數字，也是在上升行情中高高低低、不斷變動。

用創新高價股的數量占比來分析行情上漲力，關鍵在於參照圖表2-25及圖表2-26，深入研究過去大盤走勢與創新高價股數量之間的變化。

②為什麼是「創下過去一年來高價」？

真正的創新高價股必須是「突破股價平穩期」的個股，要確認這一點只能一一檢視股價走勢圖。但這裡只計算股價創下過去一年來最高價

的標的即可，是因為這當中必然會有一定比例的眞正創新高價股，能帶動大盤上漲，所以只要掌握「創下過去一年來高價」個股的總數，就足以判斷行情的上漲動能如何了，而且這種統計方式也較簡便。

或許有人會再進一步追問：「原本的定義是創下過去二到三年來新高價的股票，爲什麼這裡使用的是創下過去一年來高價的股票呢？」這是因為如果期設定爲兩年，這兩年行情低迷期間將完全不會出現（兩年來）創新高價的股票。

還有，分母會使用東京證券交易所的整體個股數量，是因爲上市企業不斷增加，五年前的百大創新高價股和現在的百大創新高價股根本不同，計算出來的比例也會產生不同的意義。根據東京證券交易所的統計，2003年的上市公司（東證一部、二部及新興市場總和）有2174家，2009年則增加爲2319家。

接下來，調查前50大指標股是否創新高

爲提高預測行情走勢的精確度，還是要回到個股狀況，也就是確認「什麼樣的個股才會創新高價」。其中要特別注意的是大型股的動向。由於大型股占東京股市的大半市值，所以如果大型股股價不創新高，整體行情絕對漲不上去。而前50大公司就占了整體市值的一半，所以才需要特別注意這些公司的動向。

圖表2-27是前50大公司在何時創下過去兩年來高價的累計比例（％）圖表。在日經平均指數跌至谷底的2003年，只有佳能、小松（在日本重化工業器材製造公司中排名第一，世界排名則是第二）、JFE控股（日本鋼鐵龍頭之一）、新日本製鐵（也是日本鋼鐵龍頭之一）、三菱商事（貿易

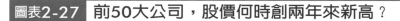

圖表2-27　前50大公司，股價何時創兩年來新高？

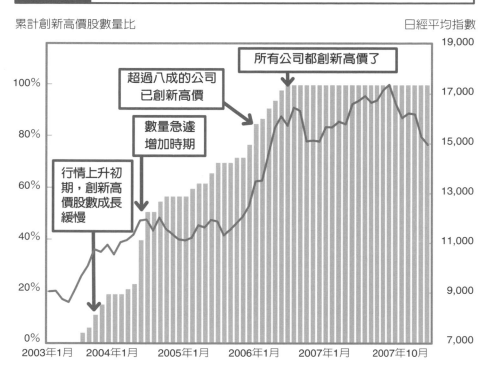

累計創新高價股數量比　　　　　　　　　　　　　　　日經平均指數

商，是日本最大綜合商社之一）等極少數公司得以創新高價。

　　創下過去兩年來高價的股票，在2004年3月及4月數量最多。這點從柱狀圖的曲線急遽上升即可得知。具體而言，創新高價的公司有：三井不動產、住友商事、豐田汽車、日本菸草、瑞穗銀行、三菱日聯、三井住友等。那時候，前50大公司已有半數以上創新高價了。

　　對於行情從2003年起將從谷底反彈仍舊半信半疑的人，若能在2004年上半年重拾信心，就有機會參與行情後半段的漲勢（日經平均指數從11000點漲至18000點）。只要確認大型股的動向，要做出正確判斷並非難事。實際上，創新高價股必須到後半段，其蓄積的漲勢才得以發揮。

　　還有，在2005年8月及9月，因為發那科（FANUC，日本數位控制機床系統龍頭）、T&D控股（旗下有許多保險公司）、西科姆（SECOM，日本最大的保全公司）、信越化學等公司相繼創下過去兩年來高價，使創新高價處的數量再次增加。此時前50大公司中創新高價的已超過八成了。

　　在最後一家公司創新高價後，前50大公司終於在2006年2月全部晉升創新高價股行列。雖然日經平均指數在短暫下跌後又開始上漲，但大型股中已沒有任何一家公司能提供這波上漲動力了。

　　運用「創新高價股數量比」判斷行情走勢時，只要輔以確認50大指標性股票的動向就夠了，並不會花太多時間。

然後，你就能看出大盤未來走勢

　　算出創新高價股的數量演變後，要如何用來分析大盤走勢呢？如同右頁圖表2-28所示，大盤指數從2009年3月開始上漲。在跌至7000點谷底的一年後，回升至11000點上下，走勢與2003年4月的谷底反彈雷同（請參照圖表2-25，當時大盤指數也在跌至7000點左右的一年後，回升至12000點上下）。

　　雖然兩者走勢很像，但也不能就此認為之後也會出現（與2003年）相同的走勢。**歷史會一再重複，但大盤不會重複相同模式**。這回，「創新高價股數量比」在這次的行情回升過程持續低迷，直到2010年3月數值才開始增加，但仍不及上次最高點的一半。

　　接著請檢查市值前50大企業，沒有一家創下過去兩年來高價，亦即2009年的反彈並未出現類似2003年上升行情中帶動漲勢的股票。可見

圖表2-28 大漲訊號：創新高價股數超過2%

■ 日經平均指數及創新高價股數量比的變化

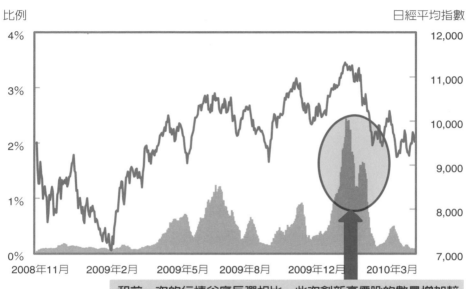

和前一次的行情谷底反彈相比，此次創新高價股的數量增加較為緩慢。關於2003年的行情谷底反彈，請參照圖表2-25。

2009年行情上漲的主因，是過去大幅下跌的股票在景氣反彈或獲利回升的情況下帶動的。如同上一節的圖表2-19（見第77頁）所示，在谷底反彈的上漲期間，過去在下跌行情時大幅下跌的標的，會因為行情反彈而出現大幅上漲的情況，而目前的行情並未跳脫這種傾向。

其實在小型股裡面，在網路相關、零售和外食、學名藥等特定領域，都出現了創新高價股，只是這些股票並不足以帶動整體股市上漲，因此目前的情況還不足以期待市場變得活絡。由於2009年的上漲力道較上次的上升行情疲弱，在這樣的市場情況下，選擇獲利亮眼的個股是投資的關鍵。

　　對行情上漲力道的判斷,該如何反映在投資行動上呢?簡單來說,就是購買數量的增減。若判斷行情走強,可增加單次的股買量;若判斷行情走弱,則減少單次的購買量。

獲利重點

◎當創新高價的股票很多檔,帶動股市上漲時,就形成行情上漲期。預
　測市場行情強勁與否的關鍵,是創新高價股的數量。
◎注意帶動整體股市行情的大型股動向,尤其要觀察前50大企業股價是
　否創新高。

接著基本面三步──
飆股現身

　　原野上盛開著鬱金香，在一片花海中，紅、白、黃色鬥麗爭妍。此時如果出現一朵藍色鬱金香，任誰都能一眼發現──找到成長中的企業，就是這麼簡單。

　　我們要找的，就是藍色鬱金香，是任何人都不會錯看的標的。因為如果不是這篤定，就無法成為眾人矚目的焦點，進而推升股價大幅上漲；如果得思考良久才能下判斷，就不是真正的好股票了。

　　要發現真正的好股，只須再進行以下三個步驟；這三個步驟也是本章的重點：

①檢查過去的獲利表現
②檢查近期的獲利表現
③預測未來的獲利表現

　　本章內容是第一線操盤手的實戰觀點。如果你能用相同觀點分析公司的獲利狀況，就等於具備了第一線投資專家的能力。剛開始你可能會覺得「要找到藍色鬱金香還真不容易」，那是因為你分析的公司太少；如果只看到廣大原野的小小一角，那裡可能剛好沒有藍色鬱金香。

①　我的基本分析，只要會「基本」

我在上一章介紹了如何從走勢圖中找到「創新高價」的個股，本章則要說明如何在創新高價股裡，找到真正的成長股。我們所根據的股市定理是：一家獲利不斷成長的企業，股價也會跟著水漲船高，而且獲利成長幅度驚人的公司，自會散發耀眼光芒。要分辨是不是真正的成長股，只需一道簡單公式。

　　不是所有的創新高價股未來都會大漲。就像右頁圖表3-1，真正的反彈股和創新高價後立刻下跌的偽裝股，會摻雜在一起。本章的目的，就是幫助投資人看出兩者之間的不同。

　　最有效的辨別方式，便是預測公司未來的獲利表現。未來獲利會不斷成長的公司，其股價大幅上漲的可能性較大；而獲利預測不樂觀的，股價則可能馬上下跌。

　　其實，這就是所謂的「基本面分析」。有些人可能會覺得基本面分析很難，其實不必擔心，因為獲利佳的公司就像藍色鬱金香，自會散發耀眼光芒。可惜很多人卡在基本面分析過不去，覺得太難了，不想學。

　　如果大學的入學測驗國、英、數三科是必考，不管拿不拿手，考生都得好好讀這三科吧？要是其中一科完全放棄，就別想通過考試了。而股票投資人必考的科目之一，就是基本面分析。

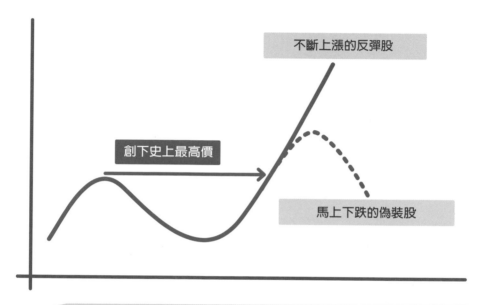

圖表3-1 區分創新高價後上漲和下跌的股票

不斷上漲的反彈股

創下史上最高價

馬上下跌的偽裝股

最有效的辨別方式，便是預測該公司今後的獲利表現。

預測未來獲利的能力，你比專家還行

　　基本面分析的切入點是「成長」。如果只能用一句話來說明股價的真理，那就是「今後獲利成長的公司，股價會上漲」。能知道未來的獲利狀況自然最好，但實際上沒有人能篤定地說未來一定會怎樣，就像誰也想不到原本繁榮的全球經濟，會突然碰上金融海嘯一樣。

　　不光是景氣衰退難以預料，即便是在景氣好的時候，公司老闆也料不準將來的事。幾年前景氣還很好的時候，我參加過一場技術人員派遣

公司的說明會。該公司的社長預言大型製造業將大砍成本、減少正式員工的比例，使得技術人員的派遣市場前景一片看好。他斷言這個趨勢一定會發生，再加上該公司的派遣員工素質頗受業界好評，因此這位社長認定，公司的經常利益將成長15%。

想不到一年後，該公司的獲利只成長了5%。社長說：「因為景氣太好了，很多派遣人員都變成正式員工，導致本公司招募不到足夠的派遣人員。」可見正式員工比例下降、造成派遣需求升高雖是事實，但製造業也因景氣好轉、擴大營運，而決定增聘正式員工。這是一年前業界任何人、包括那位社長，都始料未及的狀況。

你可能會質疑：「連負責經營的社長都無法判斷，我們外行人怎麼可能會曉得？」這就是重點所在！如果連業界的經營者都不知道，不就等於內行與外行，都站在相同的起跑點上嗎？以建築來比喻就是：外行人雖然蓋房子的功夫比不上一級建築師，但在預測建設公司的未來獲利上，卻沒有專家與外行人之分。

既然連內行人都無法預測未來，那麼能夠仰賴的，就只有過去了。雖說歷史未必會再重演，但如果過去獲利表現時好時壞，未來發生相同情形的機率也會比較高；但如果過去獲利穩健成長，那麼將來繼續穩健成長的機率也會比較高。

一個人的信用非常重要。我們是從一個人的過去行為，來判斷他今後是否也會信守承諾，或推測他會不會如期還款。所以，你也可以把觀察一家企業過去的獲利變化，當成衡量一家公司的信用。

預測獲利的起點就在這裡。本來我們要預測的是未來獲利，但因為沒有人可以料事如神，所以必須先分析過去的獲利表現。如此一來，基本面分析就變簡單了。

獲利重點

◎選股時最重要的是預測該公司的未來獲利，但連經營者都無法預測未來，因此，在預測未來上，不分內、外行。

◎過去獲利猶如一家公司的信用，如果過去獲利優異，便可推測未來表現亮眼的機率也比較高，這就是預測未來獲利的基本觀點。

② 第一步：
過去的獲利要穩定成長

讀完本節你會恍然大悟：「原來預測公司獲利，竟然這麼簡單！」我分析企業獲利的方法，是建立在每個人都會覺得理所當然的常識上。本節將從三步驟的第一步「檢查過去獲利的變化」，篩選出具有飆漲潛力的反彈股。

在家裡舉辦派對固然開心，但曲終人散後，堆積如山的碗盤卻很棘手，不知該從哪裡收拾起。

首先，能放進洗碗機的，全丟進去清洗，這樣至少眼前要洗的碗盤，看起來會少一點。其實放不進洗碗機的鍋子，洗起來才費力，但眼前少了那些碗盤，心理上會感覺輕鬆不少。

同理，如果盲目進行「預測公司獲利」，可能會不知從何處著手，所以最好的辦法，就是從最簡單的地方開始。請見圖表3-2，基本面分析有三步驟。雖然預測未來很重要，但可以稍後再做，首先該分析的，是過去的獲利。這就像清洗碗盤，雖然最重要的部分還沒解決，但在完成過去獲利的分析後，就會突破心理障礙。

第一步是調查過去較長時期的獲利表現：這家公司的5～10年間，獲利是否穩定成長？第二步則是調查最近的獲利表現：最近的1～2年間，該公司的獲利是否出現爆發性成長？

每一步的檢查基準都很簡單，不符合基準的就淘汰，只有符合條件的股票可以進入第三步：分析未來獲利。第一步跟第二步就像兩道篩

圖表3-2 基本面分析三步驟

第一步　過去：長期獲利是否穩定成長？

第二步　現在：最近獲利是否出現爆發性成長？

第三步　未來：獲利成長能否繼續維持？

網，目的是減少進入第三步分析的股票數量。

　　本節要說明的是第一步，從過去較長時期的獲利表現，來判斷個股是否值得買進。投資人需要留意的，只有「經常利益」（台灣為稅後純益）而已。

> **買股公式3：**
>
> **針對經常利益，需檢查以下兩點：**
>
> ①成長性：過去5～10年，都達到年平均7%以上的成長。
>
> ②穩定性：過去5～10年，並未出現虧損，或只出現微幅虧損。

　　「過去很長一段時間，獲利都能持續成長，所以今後繼續成長的機會很大。」把這個真理轉化為具體的選股基準，就是上述這道公式。

　　所謂的「獲利成長」具體來說是指什麼？1%或2%的成長率不能算是成長，只能算是持平或低迷。我們期待的是10%以上的成長率，但以現在的景氣來說，能有7%就算很好了。

　　還有，如果今年+30%的成長，是因為去年出現-30%的負成長，也

不能算是成長，只算恢復原本的獲利表現。**一家企業的獲利成長必須穩定**，上述公式便是來自這些常識。

檢查點一：獲利的成長性

請注意該企業在創新高價之前的5～10年間，獲利成長率如何。

我舉兩個例子來說明，首先是WORKMAN。這家公司專門生產建築工人或工廠勞工的工作服，目前擁有650家門市，其他同業開設的門市大多不到10家，除了自家門市外，就只能在平價購物商場或綜合服裝店的小角落販賣。因此，WORKMAN的品項比其他公司齊全，在價格上也因爲能大量進貨，可以提供極具競爭力的價格。此外，目前這家公司的市占率不到10%，尚有餘力搶占其他同業的市占率。

沒有競爭對手、市占率又有成長空間，獲利沒道理不大幅躍進。因此，該公司的經常利益從1999年3月期的16億日圓，增加至2008年3月期的53億日圓，年年成長。即便是在網路泡沫化、陷入不景氣的2000年～2003年間，WORKMAN依舊保持好成績。

根據圖表3-3，WORKMAN的股價在2005年8月突破過去（一年來）高價，開始暴漲。這家公司多年（5、6年）來都維持平均8%的獲利成長率，因此第一步的篩選結果合格。

另一支股票是羅森（按：在日本經營規模僅次於7-ELEVEn的連鎖便利店）。從第106頁圖表3-4可知，羅森的股價雖在2008年6月創新高價，但近年來公司的年成長率只有4%，若是參考我手上的陳年數據，計算1998年2月期到2009年9月期的成長率，更是只有1.3%。因此，第一步的篩選結果是淘汰，只有WORKMAN可以前進到第二步。

圖表3-3 獲利穩定成長，股價自然創新高

■ WORKMAN的月K線圖及經常利益

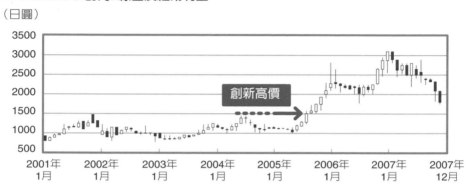

經常利益

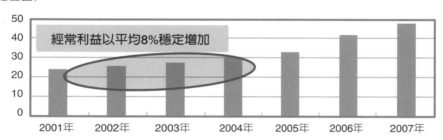

說明：2001意指2001年3月期。

檢查點二：獲利的穩定性

接著，請檢查獲利是否穩定，我用兩家學名藥廠的股價當範例說明。日本製造學名藥最大的藥廠澤井製藥，在其公司的網頁上表示：「研發新藥需要9～17年、投入大約500億日圓的資金……但新藥獲得認證的機率，卻不到1/15000。」因此，新藥售價通常很高，但等專利期一

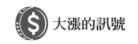

過，其他藥廠便可販賣相同成分的藥品，這種藥就是學名藥，價格不到
原廠藥的七成。

　　由於先進國家都在苦惱醫療費用日益擴大，因而大力引進學名藥。
目前各國學名藥占醫藥用品的比例分別是：美國69%、德國64%、英國
61%；此外，印度的比例更是超過九成，連中國也高達七成。而普及率
只有20%的日本也正在迎頭趕上，努力提高學名藥的用藥比例。

　　在這樣的社會需求下，學名藥的股價應聲上漲。日本最大藥廠武田

圖表3-4 獲利沒有成長，股價無法維持

■ 羅森的月K線圖及經常利益

（日圓）

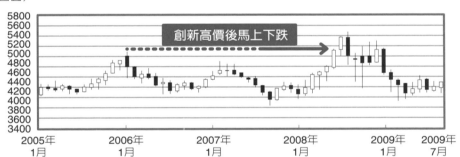

經常利益

（億日圓）

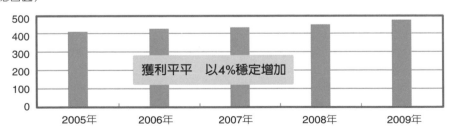

說明：2005指2005年2月期。

藥品（研發新藥爲主），股價從2000年1月到2010年7月跌了-21%，反觀澤井製藥（做學名藥）的股價卻上漲了6倍。對投資人來說，在這個成長型產業，找到一支最有飆漲希望的標的，非常重要。圖表3-5是澤井製藥及日醫工兩家學名藥公司的股價走勢圖。兩家公司在2004～2005年間都陷入股價停滯期（見網底區塊），隨後突破過去高價（2004年高價）的時間點，就是進場的最好時機。

但是，該選擇哪一支股票呢？日醫工的股價上漲至創新高價時的2.2

圖表3-5 大漲訊號：停滯期後就是進場時機

■ 澤井製藥、日醫工的月K線圖

說明：以1998年1月的股價為起點指數化的結果。

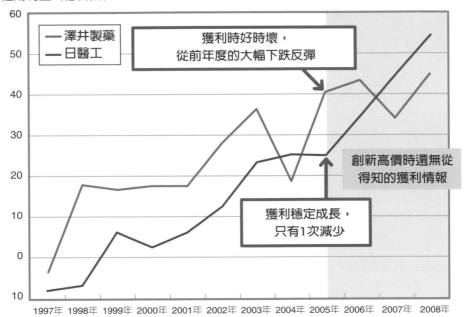

圖表3-6 創新高價前的獲利，必須穩定成長

■ 澤井製藥、日醫工的經常利益成長率

經常利益（億日圓）

- 澤井製藥
- 日醫工

獲利時好時壞，
從前年度的大幅下跌反彈

創新高價時還無從
得知的獲利情報

獲利穩定成長，
只有1次減少

年度（日醫工在11月決算，澤井製藥在隔年3月決算）

倍，而澤井製藥卻只上漲了30%，買進日醫工，當然是最佳選擇。

　　圖表3-6是這兩家公司後來的獲利表現。網底部分是創新高價後的獲利表現，這是在創新高價時買股的當下，投資人還不知道的情報。從網底的部分來看，日醫工的獲利穩健成長，澤井製藥卻因為帳面獲利減少，導致兩家公司的股價出現明顯差異。但這是事後諸葛，股價創新高時並不知道後續發展會是這樣。

　　那麼，有什麼辦法可以讓人避開澤井製藥、購買日醫工的股票呢？

　　為此，我們必須回頭去看這兩家公司過去的獲利表現。從圖表3-6的曲線可知，日醫工的獲利成長較為穩健，而澤井製藥曾在2004年度出現獲利大幅下滑，導致獲利曲線呈現V型下凹，讓人不由得擔心今後是否還會發生相同情況。澤井製藥在2007年度發生的獲利驟減，就是重蹈過去的覆轍。而獲利成長是否穩定，正是預測今後股價的重點（如何找出企業過去獲利的數據，請見附錄二）。

　　想必有人認為，參考過去獲利紀錄、調查該公司獲利是否長期穩定成長，是一件簡單又理所當然的事吧（但多數投資人就是沒做）。股價要上漲，必須獲得眾多投資人的認同，並願意高價購買公司股票，因此投資人認同的理由愈是「理所當然」，造成的飆漲效果就愈大。獲利長期穩定成長，是基本面分析的第一步，唯有合格的標的，才能進到第二步。

獲利重點

◎基本面分析的第一步：

①調查過去5～10年經常利益的長期成長率。

②觀察獲利的成長性及穩定性。

③ 第二步：近期的季成長率要超過20%

撈金魚最重要的就是不可以弄破紙網，紙網一破，技術再好也撈不到魚。同理，在創新高價股中要篩選出具有飆漲潛力的反彈股，最具成效的方法就在本節裡。

你在上一節已經看見基本面分析的第一步是多簡單又符合常識了。第二步也很簡單又合邏輯，但第二步是三個步驟中篩選標準最嚴格的。

在第一步，即使數據有些微不合乎基準也沒關係。例如我設定的公式是成長率要超過7%，但如果某家公司的長期成長率只有6.5%，其實還是可以進入第二步。此外，第三步要分析的是未來，本質上不確定因素較多，沒有明確的數值基準，因而很難避免模稜兩可的情況。

相對於上述兩個步驟，第二步是仔細調查近期的獲利表現，確認近期的業績（營業額與獲利）是否出現爆發性的成長。認定標準較嚴，是因為近期的獲利表現，會明顯地反映在股價上，請見右頁的買股公式4、5、6。

我的公式是要確認最近1～2年的經常利益，以及最近2～3季的營業額及獲利。之所以設定這樣的標準，是有理由的。初學者或小心謹慎的投資人，請確認**最近兩年及最近三季**的獲利，投資老手只需確認**最近一年及最近兩季**的獲利即可。經過第一步及第二步的兩輪篩選後，投資人將會淘汰七到八成的創新高價股。

買股公式4：

最近1～2年的經常利益（與去年同期比）成長超過20%。

買股公式5：

最近2～3季的營業額（與去年同期比）成長超過10%。

買股公式6：

最近2～3季的獲利（與去年同期比）成長超過20%。

第二步的篩選重點如下：

①最近一季的獲利最重要

近期的獲利成長最重要。即使其他項目符合最低限度的基準，只要最近一季的經常利益（與去年同期比）不滿20%，原則上就得淘汰，因為投資人最重視的就是這個數字（按：經常利益是稅前純益扣掉企業所得稅、國民所得稅和營利所得稅後的金額，又稱為「繼續營業單位淨利」）。

②篩選還是要有彈性

雖然我說過第二步必須更嚴格把關，但並不是要你完全照公式來，而是要彈性地運用公式，並在仔細思考後做出選擇。例如，假設以下甲、乙兩支股票，過去三季的經常利益分別（比去年同期）成長了：

甲股：23%、18%、25%

乙股：20%、20%、20%

　　甲股有一季是18%，照理說應該要淘汰，但和乙股相比，另外兩季的成長數值又較高。此時不可因爲出現一次18%就認定甲股不合格，在篩選上還是要有彈性。

　　爲了幫助你了解這麼做的理由，我要解釋一下獲利公式與成功機率的關係。我在制定獲利公式時，是用過去的數據來進行檢驗：我把獲利的成長率進一步細分，例如獲利成長率分別在16%、18%、20%、22%及24%時，調查股價在創新高價後分別上漲了多少。

　　然後我發現，**當獲利成長率愈高，之後股價的漲幅也愈高**。例如獲利成長率達到20%時，股價會比18%時再多漲一點；獲利成長率達到22%時，股價又會再上漲一點；達到24%的話股價漲更多。

　　水在0度時會從固態（冰）變成液態（水），之後不管溫度再上升10度或20度，依舊會維持液態；也就是說，0度對水有重大意義。然而，股價和企業獲利成長率的關係不像水有一個突變點，會出現「獲利成長率不滿20%的話，股價會持平；獲利成長率超過20%，股價會突然大漲」的現象，兩者間的關係變化比較幽微。因此，**投資人得自己決定獲利成長率達到多少就買進股票，因爲要是設定的門檻過高，會找不到標的可買，門檻過低又會提高看走眼的機率**。

　　我是按照一般常識判斷，認爲把獲利成長率定在20%比較妥當。季營業額成長率設在比去年同期成長10%，也是基於相同道理。因此，我設定的公式，並不是要你一看到獲利成長未達20%就淘汰，而是分析獲利成長率與其他數據之間的關連性後再決定。

③為什麼要參考營業額？

既然股價會隨著公司獲利成長率的增加而上漲，爲何還要確認營業額成長率（見111頁買股公式5）？很多時候即使營業額成長率只有1～2%，獲利率仍會大幅成長20%，但這種情況通常不會持續太久。**獲利成長顯著的公司，營業額成長個10%以上是非常普遍的情況。**

有些公司會透過裁員來提高獲利，但裁員只有一次性的效果。實施裁員的企業通常營業額未見增加，**只有獲利成長，這種公司不是好的投資對象。**

④確認三種獲利

要看獲利是否確實成長（指買股公式6），可確認以下三個數字：

營業淨利：**企業的本業獲利**

經常利益：**扣稅後的獲利**

稅後純益：**經常利益扣除非常損益、停業部門損益後的淨利**

我大略解釋一下這三個數字的定義。日本投資人最重視的是經常利益，報紙上也經常只提經常利益的金額，很少提到稅後純益與營業淨利。因此，企業在會計上通常傾向於提高經常利益。

舉例來說：在零售業，門市開開關關是很正常的事，但展店費用會牽涉到營業淨利，歇業時則會列入非常損失中的「停業部門損益」。因此，經常利益並未反映停業成本，會導致高估。爲了不被企業的會計方

式所矇蔽，投資人必須同時參考三種數值（按：台灣會計原則和日本略異，經常利益通常等於稅後純益）。

附帶一提，美國投資人最重視的不是經常利益，而是稅後純益。更精確來說，美國投資人參考的是每股盈餘（EPS），所以投資美股時不必參考營業淨利和經常利益，參考EPS即可。

（按：《台股四季報》會列出每一季的獲利能力比較表，當中最重要的數字「每股純益」，也等於是把EPS〔數值來自稅後純益〕當成重要參考依據。投資人可以運用這份獲利能力比較表，快速篩選出具備大漲訊號的個股。）

你在《公司四季報》或證券交易所的公開資訊觀測站上，都能查到這三個數字（按：台灣四季報上較常見的獲利數據是「營業利益」〔本業獲利〕、「稅前盈利」、「稅後純益」）。這三個數字的成長幅度通常相去不遠，但偶爾會出現落差。

例如某家公司靠經營事業獲得15%的營業淨利，稅前純益卻可能因為兌換利益（按：公司進行進出口貿易時，若使用外幣交易計價，一定會發生兌換損益）變成25%，然後又可能因為提撥員工退休金及關閉工廠等非常損失（按：台灣上市櫃公司可提列的非常損失項目，包括火災損失、大地震損失等），導致稅後純益只成長了8%。

原則上，這三個數字的成長率若沒全都超過20%，就必須淘汰。一般散戶不需要詳細了解這三種數字的差異，只要能找到這三個數字的成長率就夠了。

⑤別光看一季的數字就買進

只因最近一季的獲利成長超過20%就貿然進場，這種做法很危險。

有些企業在經過長期的獲利衰退後，確實會突然出現單季盈餘大幅成長。在這種情況下，有時等到連續二到三季都有超過20%的成長才買進，股價早就大漲，會導致投資人錯過進場時機。

然而根據統計，股價在創新高後立刻一蹶不振的例子不勝枚舉，所以只出現一次獲利高成長，很難斷定往後的獲利也會持續增加。當大多數投資人都對該股的未來感到不安，股價就不會上漲。況且本季獲利大幅成長的理由如果是因為前一年的同期獲利剛好低於水準，通常下一季的成長幅度就會萎縮了。因此，投資人千萬不要只看單季獲利就下判斷。

獲利表現穩定，股價就會連動

接下來，我用大型連鎖烏龍麵店 Toridoll 為例，來說明如何運用公式篩選股票。

在日本，牛丼店、漢堡店等，幾乎都是大型連鎖店的天下，只有烏龍麵店尚有許多是由在地老爹經營。然而，個人經營的店面即便能提供獨特美味的烏龍麵，仍然不具規模經濟，再加上隨著個人經營者的高齡化，店面也逐漸轉型成大型連鎖店；儘管如此，日本三家最大的烏龍麵連鎖店的市占率，加起來也還不到10%。

在這樣的背景下，Toridoll 的市占率愈來愈高，獲利也呈直線成長。該公司自2001年3月期到2008年3月期的獲利成長率高達37%，因此第一步篩選的結果是合格。

接著來看圖表3-7裡，Toridoll 最近的獲利表現。該公司股價創新高的時間點是2008年上半期，從這個時間點往前追溯過去1～2年的獲利，檢查2007年度（12個月）和2008年度上半期（6個月）的獲利表現。

表格中加上網底的部分都符合買股公式的要求，未合格的只有2007年度的淨利17%。但這個數值已經很接近20%了，而且其餘數值又都很高，所以我們暫且不要淘汰這家公司，讓它前進到下一步；這就是前文

圖表3-7 股價與獲利的連動

■ Toridoll最近1～2年的業績成長率　（與去年同期比）

	營業額	營業淨利	經常利益	稅後純益
2007年度	51%	50%	44%	17%
2008年度上半期	40%	79%	86%	124%

■ 各季業績成長率　（與去年同期比）

		營業額	營業淨利	經常利益	稅後純益
2005年12月	Q3	34%	-13%	-13%	15%
2007年3月	Q4	44%	16%	23%	-12%
2007年6月	Q1	54%	21%	12%	-20%
2007年9月	Q2	54%	39%	33%	-7%
2007年12月	Q3	48%	38%	35%	20%
2008年3月	Q4	49%	102%	100%	105%
2008年6月	Q1	41%	102%	114%	173%
2008年9月	Q2	39%	62%	67%	89%

創新高價時的業績

說明：營業額成長超過10%、獲利成長超過20%的欄位都已加上網底，投資人只要看紅色框線的三季即可，圈起來的部分標示稅後純益減少的時期。Toridoll 是一家經營連鎖烏龍麵店的企業。

提到的，篩選要有彈性。

圖表3-7下方列出的每一季營業額成長率都符合買股公式5的要求（必須超過10%）。在獲利方面，多數期間也都符合規定，而且最近四季的三種獲利數字也都達標，因此，第二步篩選結果也是合格。

其實原本只需參考圖表3-7中紅線框起部分（過去三季）的業績就夠了，但這裡我要以這家公司爲例，帶大家看看更早以前的各季獲利表現。2007年3月期、6月期及9月期的營業淨利及經常利益都呈現成長，只有稅後純益出現衰退。就是爲了避免投資人在這種情況下進場買股，我才會建議同時參考三種獲利數字（這個數字與創新高價時投資與否的決定無關，我舉這個例子只是要說明，這三個獲利數字彼此間也可能出現極大的差異）。

還有，從下頁圖表3-8的經常利益成長率變化可知，成長率再高，股價還是可能會下跌；而前文說過的「股價的飆漲是從創新高價的那一刻開始」的定理，也能從這張圖表獲得證明。

營業額沒有成長，股價撐不久

我們來看科研製藥，這家公司因生產退化性關節炎的用藥「ARTZ」而獲利成長。據估計，日本約有1000萬人罹患退化性關節炎，但接受診療的比例極低，只有兩成左右的患者會上醫院看病，其餘的都只使用護膝而已。然而近年來因人口高齡化，接受診療的患者比例也日漸提高，因此該公司可說是搭上了獲利成長的順風車。

科研製藥的股價在2007年1月創新高價。由第119頁圖表3-9可知，該公司的創新高價很快就宣告結束，同月股價便轉升爲跌。這裡雖然沒有

圖表3-8 基本面漂亮，連續出現「買股訊號」

■ Toridoll的週K線圖

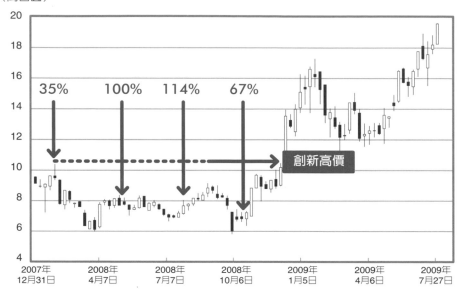

說明：紅色數字是公布獲利當日的單季經常利益成長率。

提供日K線圖，但該公司在1月22日創新高價後，股價只有短短兩天超越新高價。

接著我們來看這段期間的獲利表現。該公司自1998年3月期到2006年3月期，平均都有13%的成長率，所以第一步篩選結果合格。

在近期的獲利表現上，經常利益的成長率如下：

2006年3月期（12個月）　成長15%

2006年9月期（6個月）　　成長6%

這兩期的經常利益成長率都未達20%，可知第二步篩選結果必須淘

藥品（研發新藥為主），股價從2000年1月到2010年7月跌了-21%，反觀澤井製藥（做學名藥）的股價卻上漲了6倍。對投資人來說，在這個成長型產業，找到一支最有飆漲希望的標的，非常重要。圖表3-5是澤井製藥及日醫工兩家學名藥公司的股價走勢圖。兩家公司在2004～2005年間都陷入股價停滯期（見網底區塊），隨後突破過去高價（2004年高價）的時間點，就是進場的最好時機。

　　但是，該選擇哪一支股票呢？日醫工的股價上漲至創新高價時的2.2

圖表3-5　大漲訊號：停滯期後就是進場時機

■ 澤井製藥、日醫工的月K線圖

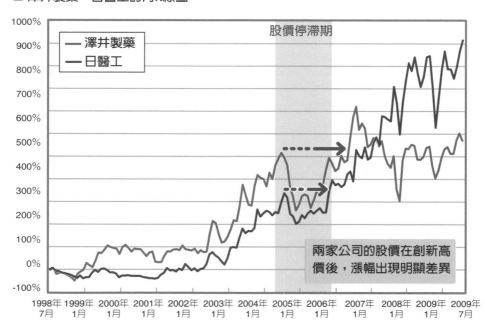

說明：以1998年1月的股價為起點指數化的結果。

圖表3-6 創新高價前的獲利，必須穩定成長

■ 澤井製藥、日醫工的經常利益成長率

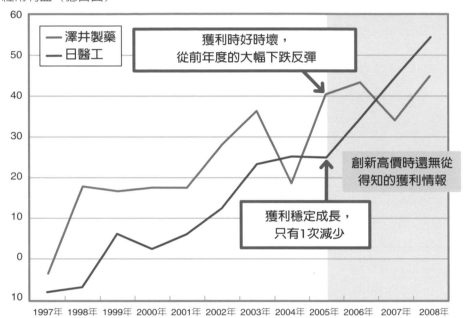

經常利益（億日圓）

年度（日醫工在11月決算，澤井製藥在隔年3月決算）

倍，而澤井製藥卻只上漲了30%，買進日醫工，當然是最佳選擇。

圖表3-6是這兩家公司後來的獲利表現。網底部分是創新高價後的獲利表現，這是在創新高價時買股的當下，投資人還不知道的情報。從網底的部分來看，日醫工的獲利穩健成長，澤井製藥卻因為帳面獲利減少，導致兩家公司的股價出現明顯差異。但這是事後諸葛，股價創新高時並不知道後續發展會是這樣。

那麼，有什麼辦法可以讓人避開澤井製藥、購買日醫工的股票呢？

汰。實際評估投資與否時，已經不需再針對這個標的做更多調查了，但現在是練習，所以我們繼續來看該公司的各季獲利表現。

跟前面圖表3-7的 Toridoll 相比，會發現圖表3-9裡，加上網底的格子

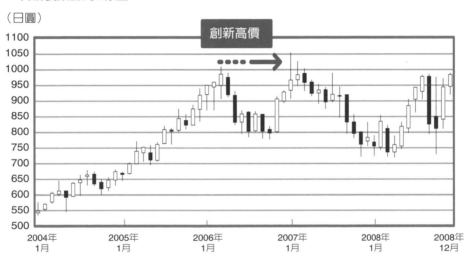

圖表3-9 營業額沒有成長，股價撐不久

■ 科研製藥的月K線圖

■ 各季業績成長率 （與去年同期比）

		營業額	營業淨利	經常利益	稅後純益
2005年6月	Q1	-1%	-16%	-19%	-22%
2005年9月	Q2	3%	59%	84%	19%
2005年12月	Q3	2%	4%	18%	243%
2006年3月	Q4	-1%	-14%	-2%	-19%
2006年6月	Q1	-2%	-29%	-20%	3%
2006年9月	Q2	1%	8%	25%	28%

創新高價時的業績

說明：獲利超過20%的欄位都已加上網底。

較稀。該公司股價在創新高價之前一季的獲利表現，經常利益和稅後純益都超過20%，但營業額卻只增加了1%。再往前看一季，經常利益還出現負成長，這樣的表現一定要淘汰才行。

第三個例子是家具專賣店宜得利。家具店和便利店不同，很少往大型連鎖發展，所以大型家具連鎖店主要致力於擴大市占率，再加上該公司沒有低價競爭的同業，因此獲利得以穩健成長。

我雖未列出詳細數據，但該公司從1998年2月期到2008年2月期呈現出33%的經常利益成長，顯然第一步篩選的結果合格。當我前往該公司拜訪時，全體員工還起立向我致意「歡迎光臨」，讓人感覺公司充滿了朝氣。

接著來看第二步的最近獲利表現：

2008年2月期（12個月）　15%
2008年8月期（6個月）　27%

15%的成長率雖未達20%的要求，但近6個月以來獲利已經恢復原先的成長幅度，所以可以繼續仔細分析各季的獲利表現。請見圖表3-10，很多數字都加上了網底，這是獲利穩健成長的證明，但如果你仔細觀察，會發現兩個問題：

營業額的成長率逐期減小，最近一季未達10%。
最近一季的稅後純益出現負成長。

從這兩點發現，可做出該公司股價創新高價後不可購買的結論。

圖表3-10 營業額和獲利都不穩定，很難再創新高價

■ 宜得利的月K線圖

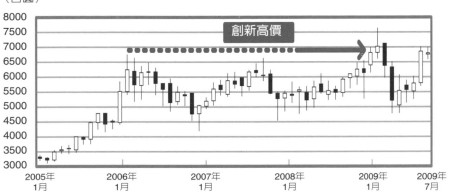

（日圓）

創新高價

2005年 2006年 2007年 2008年 2009年 2009年
1月　　1月　　1月　　1月　　1月　　7月

■ 各季業績成長率 （與去年同期比）

		營業額	營業淨利	經常利益	稅後純益
2006年11月	Q3	17%	23%	23%	13%
2007年2月	Q4	20%	43%	39%	46%
2007年5月	Q1	18%	30%	28%	32%
2007年8月	Q2	15%	5%	2%	-1%
2007年11月	Q3	12%	14%	14%	8%
2008年2月	Q4	14%	13%	11%	16%
2008年5月	Q1	10%	24%	28%	28%
2008年8月	Q2	8%	27%	23%	-15%

創新高價時的業績

營業額的成長率逐期萎縮、
稅後純益出現負成長

說明：網底標示營業額超過10%、獲利超過20%的合格欄位。

　　當公司獲利開始大幅成長，經營者會變得更有自信，證券分析師及投資人也會樂觀期待該公司將持續成長。我是根據個人過去的投資經驗，得知企業及投資法人會如何預測未來的成長率。因此，近期獲利只成長了1%的企業，不可能馬上出現30%的成長率；而獲利高成長的企業，也不可能馬上陷入獲利低迷。

　　我也曉得只因現在出現20%的成長率，就推論未來可維持相同成長率的做法太過天真，但如果市場投資人全都用這種方式來預測，我也只好跟著做了。這就是第二步的本質。

獲利重點

◎基本面分析的第二步：

①近期獲利是能否買進的最重要篩選步驟。

②若近期獲利成長率未達20%，原則上就應該淘汰；但評估時還是要顧及整體獲利表現，在篩選上要有彈性。

4 小心！別被累計成長率騙了

我們常在媒體看到「某某企業獲利成長了○○%」的報導，千萬別被這種片面的數據給騙了，因為這種表示法並未反映企業的真實成長率。對投資人而言，最重要的是分析最近一季的獲利比去年同期增加了多少，而這項情報並未記載在簡明財務報表等公開資訊上。

本書公式要檢查的是最近二到三季的營業額及獲利的成長率，成長率是和去年同期相比得到的數值。假設要算今年7～9月的成長率，就要和去年的7～9月相比，算出成長率為多少。

我這麼說，你可能會覺得：「不是本來就這樣嗎？」然而實際上並不是本來就是這樣，因為一般的獲利成長率多採用累計成長率，例如第三季的數值，是比較今年度和去年底九個月以來的數值（只有第一季是會計年度的開始，不是累計數字）。

報紙和企業公布的資料，幾乎都採用累計數字。奇摩股市等提供股價走勢圖的網頁並未列出獲利數據，而證券公司的分析報告雖會載明獲利數據，但《公司四季報》卻只摘錄部分季報內容，無法正確反映最近三個月的獲利變化，使得投資人要檢查買股公式6裡，最近二到三季的獲利成長率時，需要多費一點工夫。

下頁圖表3-11以日本新藥為例，列出單季的獲利成長率與累計成長率，兩者數字顯然差很多。創新高價之前三季的獲利實際成長率依序是

圖表3-11 單季（紅）與累計（黑）成長率，差很大

■ 日本新藥的週K線圖

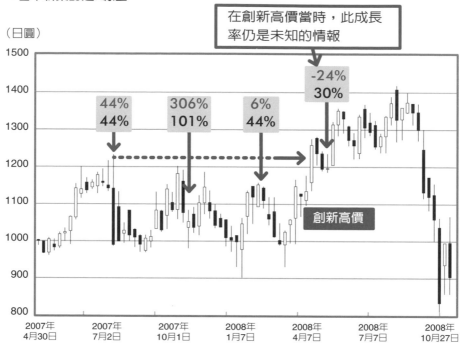

說明： 數字是經常利益的成長率，成長率在獲利發表日當天公告；數據來自簡明財務報表。

44%、306%及6%（圖表上方的紅色數字）。最近一季的獲利成長率6%數值太低，在基本面分析的第二步裡必須淘汰。

然而，簡明財務報表上所記載的累計成長率，分別是44%、101%及44%（圖表下方的黑色數字），隱藏了最後一季的低成長率。由於報紙也是報導累計成長率，經驗不足的投資人很容易就被矇蔽。這支股票在2008年4月創新高價後，到最高價也只上漲了15%，證明購買這支股票不算正確選擇。

你還能從圖表3-11看見，日本新藥到了第四季，獲利成長率變成-24%，但過去12個月來的累計成長率仍維持30%的成長，這就是我認為必須多花點工夫算出「單季獲利成長率」的理由。

（按：日本的「簡明財務報表」類似台灣上市公司的營運報告書。台灣上市櫃公司經會計師查核簽證、董事會通過及監察人承認之財務報告，有季報、半年報及年報，分別應於財報截止日後的一個月、二個月及四個月內〔民國99年度以前適用〕或三個月內公告〔民國100年度開始適用〕，公告方式為將財務報表上傳至公開資訊觀測站，才算完成申報程序，因此投資人上公開資訊觀測站查詢即可，查詢辦法請見附錄二。）

單季獲利成長率要去哪裡找？

如果公司公告的資訊未列出單季獲利成長率，就只好自己計算了。但我想除了法人和極少數經驗豐富的散戶，大多數人應該不知道如何計算吧。

獲利成長率可以依照簡明財務報表上的數字來計算。每家企業在每一季都會公布的簡明財務報表，是依照相同格式製作，只要看習慣這個格式，它就是一份極易理解的資料。計算獲利成長率所需數字都寫在簡明財務報表的封面上，你絕對不會發生「不知道該看哪裡」的情況。

下頁圖表3-12是一份簡明財務報表的實例。**財務報表是厚達幾十頁的文件，但所有重要數據都印在第一頁。財務報表非看不可的內容，也只有這張簡明財務報表而已。**想分析獲利狀況，只要看營業額、營業淨利、經常利益及稅後純益四個數字就夠了。

補充說明：這裡雖然用不到，但除了上述四種數據，需要留意的還有預估經常利益成長率及預估每股盈餘（預估EPS），也就是圖表3-12

■ Toridoll 創新高價前的數據資料

2009年3月期 第二季簡明財務報表（非合併）

2008年10月30日

| 上市公司名 | Toridoll股份有限公司 | | 上市交易所 | 東京證券交易所 |

這部分最重要

上市公司名　Toridoll股份有限公司
股票代碼　　3397 U R L http://www.toridoll.com
公司負責人　總經理　　　　　　　粟田貴也
聯絡窗口　　會計部長　　　　　　若山義晃　　　　　TEL 078-200-3430
季報提出預定日　　　　2008年11月11日　　　　　股利預定發放日　　　　　未定

（未滿百萬日圓四捨五入）

1. 2009年3月期第2季業績（2008年4月1日～9月30日）

（1）經營成果（累計）　　　　　　　　　　　　　　　　（%表示與去年同季相比之增減率）

	銷貨收入		營業淨利		經常利益		稅後純益	
	百萬日圓	%	百萬日圓	%	百萬日圓	%	百萬日圓	%
2009年3月期第2季	11.039	—	1,321	—	1,305	—	607	—
2008年3月期第2季	7,872	54.1	740	30.9	701	23.7	271	△13.0

	每股盈餘	稀釋每股盈餘
	日圓 錢	日圓 錢
2009年3月期第2季	9,888.21	—
2008年3月期第2季	4,545.41	—

（2）財務狀況

	資產總額	淨值	自有資金比例	每股淨值
	百萬日圓	百萬日圓	%	百萬日圓
2009年3月期第2季	10,837	4,034	37.2	65,727.24
2008年3月期	8,424	3,544	42.1	57,738.10

（參考）自有資金 09年3月期第2季：4.034百萬日圓　08年3月期：3,544百萬日圓

2. 配股狀況

	每股股利				
（基準日）	第1季末	第2季末	第3季末	期末	年間
	日圓 錢	日圓 錢	日圓 錢	日圓 錢	日圓 錢
2008年3月期	—	0.00	—	1,900.00	1,900.00
2009年3月期	—	0.00	—	—	—
2009年3月期（預測）	—	—	—	2,400.00	2,400.00

（註）有無股利預測當季的修正：無

3. 2009年3月期的財務預測（2008年4月1日～2009年3月31日）

（%表示與前期相比之增減率）

	銷貨收入		營業淨利		經常利益		稅後純益		每股稅後純益
	百萬日圓	%	百萬日圓	%	百萬日圓	%	百萬日圓	%	百萬日圓
全期	23,400	42.2	2,250	55.3	2,200	58.7	900	52.4	14,660.36

（註）有無財務預測當季的修正：無

財務預測的使用方式
請參照第四章第三節

請參照
第三章第七節的說明

說明：本公司沒有合併對象的子公司，所以簡明財務報表上記載「非合併」。若是有合併決算和單獨決算兩種
　　　需求，請使用合併決算。

中圈起來的部分。預估經常利益成長率的使用方式在第四章第三節會介紹、預估EPS的使用方式則在第三章第七節裡有詳細的說明。在閱讀上面兩節時，請參照這張圖表。

找對數據，用減法就能算出來

下頁圖表3-13是計算 Toridoll 在2008年7～9月（2007會計年度的第二季；按：日本會計年度是以3月31日為結算日，所以第一季是4～6月，第二季是7～9月，以此類推）單季的經常利益。該公司簡明財務報表上所提供的數字，只有當年度的1305百萬日圓（13億500萬日圓）和去年度的701百萬日圓（7億100萬日圓）。

Toridoll 發表的這兩個數字，都是該年度4～9月的兩季累計獲利，如果要計算7～9月的單季獲利，用第二季的累積數字減去第一季的累積數字即可。也就是說，想要得到第二季的單季獲利，必須檢視以下兩份文件：

⊙第二季簡明財務報表
⊙第一季簡明財務報表

以 Toridoll 來說，其數據為：
⊙第二季獲利1305（百萬日圓）
⊙第一季獲利604（百萬日圓）

計算方式如下：

1305（到第二季為止的累計經常利益）－604（第一季經常利益）＝701

圖表3-13 單季獲利這樣計算：以Toridoll為例

步驟1. 從公司財報中找出相關數據

■ 第二季簡明財務報表數據，是累計數據

	營業額	營業淨利	經常利益	稅後純益
2008年9月 累計至第二季的數據	11,039	1,321	1,305	607
2007年9月 累計至第二季的數據	7,872	740	701	271

■ 因此，得找出第一季簡明財務報表數據

	營業額	營業淨利	經常利益	稅後純益
2008年6月 第一季單季數據	5,144	611	604	308
2007年6月 第一季單季數據	3,646	302	282	113

步驟2. 用第二季減去第一季數據

■ 得出兩年的第二季單季獲利數字

	營業額	營業淨利	經常利益	稅後純益
2008年9月 第二季單季數據	5,895	710	701	299
2007年9月 第二季單季數據	4,226	438	419	158

成長率 67%

計算方式：第二季數字減去第一季數字：1305-604=701

出處：簡明財務報表　單位：百萬日圓

701（百萬日圓）就是第二季的經常利益。我已經在圖表3-13上將需要用到的數字圈起來了。用同樣的算法可算出去年7～9月的經常利益是419（701－282）（百萬日圓），然後再以相同方式計算營業額及其他獲利的數值。

而成長率，算法是一、二季的獲利數字相除。

$$\frac{今年701}{去年419} = 1.67$$

由以上可知，第二季的獲利成長率為67%。下頁圖表3-14的股價走勢圖上圈起來的數字，就是經常利益成長率。

對股價影響最大的情報，莫過於最近一季的獲利成長率。我很驚訝這個數字竟然這麼難以取得，這也代表大多數的投資人，都是在缺乏重要資訊的情況下進行投資。換句話說，只要多花點工夫算出單季的經常利益成長率，就能領先別人一步。

算出單季經常利益成長率一點也不難，只是麻煩了點。但你要知道，當愈多人這麼想（覺得麻煩），就代表掌握經常利益成長率，對投資是多麼有利的一件事。

圖表3-14 Toridoll 的走勢與單季經常利益成長率

■ Toridoll的週K線圖

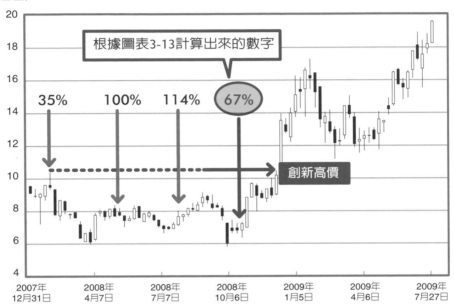

說明：數字是獲利發表日當天的單季經常利益成長率。

獲利重點

◎各季的獲利成長率通常不會公開，因此有很高的情報價值。

◎投資人可以利用上、市櫃公司的簡明財務報表，算出各季獲利成長率。

5 第三步：
確認未來獲利能持續成長

基本面分析的最終目的，是確認公司「未來獲利能否持續成長」，具體來說，就是從篩選出來的績優股中再挑出績優股。不過，以往大部分投資人預測公司未來獲利時，使用的分析方法不夠明確，還得詳讀公司的財務報表，尋找其中隱藏的線索；而我設計的公式非常簡單，不必使用任何會計數據，就能幫你預測未來。

經過第一、第二步，我們已經找到過去獲利表現優異的企業。但過去表現優異，不代表今後永遠都能維持好光景。因此，第三步就是預測未來，分析企業的獲利榮景能否持續下去。

投資人在分析未來展望時，很容易摻雜個人的主觀意見，例如本來就不喜歡居酒屋的人，容易對居酒屋的股票評價偏低；當自己的公司獲利變差，就以為外面景氣也一樣變壞；一次投資失策，就變得過度膽小……原本客觀的判斷力摻入「個人看法」後全都走了調。

大家都知道預測未來獲利，遠比參考過去的獲利數字更重要，但要憑一己之力來分析這個投資股票最重要的部分，並不是件容易的事。何況目前手中握有的股票清單，都是經過第一、第二步篩選合格的績優股，「已經通過兩階段篩選合格的標的，基本面早就無可挑剔，要如何從中再挑選更績優的股票呢？」

方法很簡單，就是第三步的「從績優股中再挑選出績優股」，接下

來我將舉例說明。

　　請回想國小、國中或高中時，如果班上有個同學是「建校以來最資優的高材生」或「全市最有名的鋼琴高手」這種風雲人物，你一定還記得他的長相和名字吧？相形之下，對班上成績普普的同學就沒印象了。

　　最頂尖的第一名會讓人無法忽視，而我們要找的，就是這種投資標的；換句話說，挑選一家未來獲利會持續成長超過20%的企業並不難。

　　基本面分析第一、二步是參考財務報表，從中尋找可以指引未來的線索，目的只是確認企業是否具備持續五年以上5%或是7%的成長率，但事實上，我認為只要確認企業獲利能否成長20%就足夠了。如果一家企業每年都能成長20%，代表它本身一定擁有足以引領時代的強項，是其他競爭對手難以望其項背的。從這個切入點去分析企業的未來，才是最有效的方法。因此，在進行基本面分析的第三步時，要著眼於以下兩點：

著眼點一：成長力是否無可動搖？

　　美國因為奉行股價至上主義，所以經營者常被批評太在乎每季獲利，缺乏長期的經營策略；然而投資方法又是以美國為中心發展起來的，於是不光是美國，全世界的投資人都變得只在乎各季獲利、追求公司的短期成長了。

　　投資人當然要重視各季獲利，我也把這一點納入第二步的選股基準裡。老實說，第二步我可以只看成長率（如果你是投資生手，還是請你一步一步來）；說得更極端一點，在第二步根本不必知道公司名稱及事業內容，只要知道股票代碼就夠了。就像投資法人在討論時，會以「4502」取代「武田藥品」一樣。

　　但是，屬害的投資人絕不會在不曉得公司名稱及事業內容的情況下，就貿然投資。屬害的投資人不但看短期的獲利變化，更會進一步分析企業的獲利成長，是否奠基於長期的發展，再決定是否購買股票。**要知道企業獲利成長的理由，就必須深入了解其事業內容**，因此基本面分析第三步的重點，就是掌握獲利成長的本質。

　　基本面分析第三步的重點是判斷：「不論今後發生什麼事，該公司能否持續成長？」企業一旦具備成長的要素，就像「被成長要素死纏著不放」一樣，那麼無論發生什麼事，獲利都會持續成長。

　　企業獲利要不受任何因素影響、持續成長並不容易，因為這世界有太多可以妨礙成長的因素了。景氣變差正是最具代表性的因素。例如很多公司在2008年3月期的獲利都創下史上最高紀錄，但隔年馬上出現赤字。此外，公司也可能因為幣值升貶、利率升降或石油價格等因素，造成獲利停止成長。

　　如果能投資不受上述情況影響、獲利持續成長的公司，不但是最安全的選擇，投資報酬率也很令人期待。

買股公式7：
選擇無論發生什麼事都會持續成長的標的。若覺得該股會因為一點點因素（如景氣或幣值）就使成長趨緩，就淘汰。

　　如何判斷公司獲利將不斷成長？以下我用短期租賃公寓的經營模式來說明。相信當你讀完後，也會認為「公司如果能做到這樣的話，獲利就會不斷成長了」。

　　一般來說，短期租賃公寓的契約是2年，而只需投宿幾天的人多半

選擇飯店。日本有一家飯店的預約網頁上，想要住宿超過7天就會無法輸入，想必是因為顧客的投宿天數最多都不超過7天，才會這樣設計預約系統吧。在飯店一連住了5天，櫃台人員還會跟我致意「感謝您長期住宿本飯店」呢。

然而近年來，7天以上、2年以內的短期住宿需求愈來愈大，例如從外縣市到東京參加大考、離婚前的分居、公司長期外派、專程到遠方的醫院看病時，如果能夠找到以月為出租單位的房子就好了。

Leopalace 就抓住了這個商機。他們的月租型公寓室內都附了家具及電視、微波爐等家電用品，房租包含水電瓦斯，還附網路，租賃超過30天還能以每10天為單位租賃，價格卻只有飯店的三分之一。該公司擁有的房屋數量是競爭對手 Tsukasa 等公司的兩倍以上，而且租屋率高達九成，其他同業很難追上（按：「背包客棧」網站有詳細介紹，許多前往日本打工度假的台灣人也選擇入住 Leopalace，通常簡稱為 Leo）。

月租公寓大獲成功後，來自各地的詢問，如「我想把我的房子改建成月租公寓」、「我想蓋一棟新的月租公寓」蜂擁而來。我在2001年拜訪該公司時，正值網路泡沫破滅、景氣變差的時候，但該公司的大型會議室裡，卻擠滿了來自全國各地的地主和屋主。任何人看到這種發展趨勢，都能馬上感受到那股勢不可當的力量。

Leopalace 除了月租公寓外，還開發新的市場需求，讓租屋者可先簽3個月或6個月以上的契約，之後再視情況隨時解約。很多租屋者最後都選擇租賃2年，讓租賃公寓的出租率變得更高。

著眼點二：能否用一句話說明成長的理由？

　　第二個著眼點是：當你能**用一句話說明一家公司的成長重點**時，才算是真正掌握了這家公司未來獲利還能成長理由。如果企業的成長沒有一個明確的理由，根本無法吸引眾多投資人來投資；要是企業成長的理由需要好幾頁的報告才能說清楚，將無法帶動股價上漲。

　　相信你讀完 Leopalace 的說明後，也會覺得「這家公司肯定會繼續成長」吧。如果不能毫不遲疑地確信這家公司一定會成長，就不是真正值得投資的股票。只要稍有遲疑：「該公司獲利真的會成長嗎？」就要淘汰，即使你批評這樣的判斷靠的根本就是直覺也沒錯。

　　這種短期個人租賃需求**並非一時的流行，而是時代趨勢**，因此在多數企業因不景氣而苦於獲利衰退之際，該公司的獲利仍維持穩定成長。請見下頁圖表3-15，該公司的經常利益在1998年3月期只有73億日圓，但到了2007年3月期已經成長10倍，變成730億日圓，年平均成長率高達29%；其股價也從1998年的最低價140日圓，到2006年的最高價5150日圓，上漲了將近37倍。

　　經過我這樣解釋之後，大多數人雖會頻頻點頭表示理解，卻還是會問：「可是，要找到這種公司，不容易吧？」會這樣問的人大概覺得專家才可以輕鬆找到高成長的企業，散戶應該就沒辦法了。

　　請你回想第一章我說過的重點——尋找頂尖公司非常簡單，線索就在公司發布的投資者關係情報裡。關於這一點，請見下一節內容。

圖表3-15 | **獲利成長10倍，股價飆漲37倍**

■ Leopalace的月K線圖

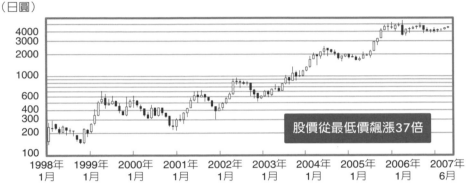

（日圓）

股價從最低價飆漲37倍

1998年 1999年 2000年 2001年 2002年 2003年 2004年 2005年 2006年 2007年
1月　　1月　　1月　　1月　　1月　　1月　　1月　　1月　　1月　　6月

經常利益

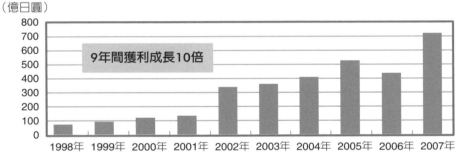

（億日圓）

9年間獲利成長10倍

1998年 1999年 2000年 2001年 2002年 2003年 2004年 2005年 2006年 2007年

說明：圖表是對數圖；經常利益出自公司資料；1998代表1998年3月期。

獲利重點

◎基本面分析的第三步：

①公司的成長力必須無可動搖。

②獲利成長的理由，能用一句話來說明。

③績優股自會發出耀眼光芒，不難尋找。

6 財報重要，但說明會情報價值更高

如何確認公司符合基本面分析的第三步——「未來獲利能持續成長」？首先必須確認社會的發展趨勢及政府的施政方針，對該事業會造成什麼程度的影響。過去投資人都是照常識各自做判斷，但其實有一種很簡單的方法可以辨別。

最快捷徑：聽經營者怎麼說

公司今後能否成長，光看財務報表的數字根本不會知道，必須確認社會潮流及政府施政方針是否有助於事業的發展。不過，要做出正確判斷，必須要有相關資訊，這些資訊該如何蒐集？要探索社會潮流，個人的力量實在有限，不論是能蒐集到的資訊量或分析能力，都比不上天天在該領域埋頭苦幹的人。

有一位超市經營者曾對我說：「林先生，你知道超市的購物籃都什麼時候清洗嗎？你也不喜歡使用髒掉的購物籃吧？所以，只要把購物籃洗乾淨，就能帶來商機。」聽他這麼一說，我才發現自己去超市也會無意識地挑乾淨一點的購物籃來用。身為投資人，我會注意超市的熱鬧氣氛及新商品的趨勢，卻不會去注意購物籃乾不乾淨。

有關新商機及趨勢的發展，請教站在第一線為擴大商機而奔走的經營者，是最快的方式；而想聆聽經營者的意見，可以參加公司說明會。

此外，對於環境法令及傾銷等議題，如果政府引進國際規範，對企

業的收益影響甚巨，但不光是投資人，有時連業者也很難事前獲得相關情報。不過因為這些問題會對公司造成極大影響，所以經營者都會蒐集最新情報，以便提早應對。因此在公司說明會上，這也是一定會提到的重點之一。

別懷疑，這些資訊都免費

參加公司說明會最大的好處就是：你所需要的情報，大部分都能在這裡取得。公司舉辦說明會的目的是提供有利於公司的情報，鼓勵投資人購買股票，所以只要是有利於公司的趨勢，一定都會在法人說明會上公布。每個人都能參加公司說明會，但有些說明會必須事先登記。

有人可能會想：「利多消息要是讓競爭對手知道不就糟了，應該不會透露那麼多吧？」這種情況當然也會發生，但如果是連競爭對手也無法得知的祕密消息，股票市場當然也不會知道，自然不會反映在股價上。因此，你**不必特地去打聽公司說明會上沒發表的消息**。

不過參加公司說明會很花時間。光是往返會場就要浪費掉不少交通時間，而且說明會的議程由主辦者安排，你不能想聽時就聽。所以最好的方式是上網看公司的說明會影片。因為這是線上影片，可以想看就看，又不必浪費時間特地跑一趟。有些公司受限於預算，只能上載語音檔到公司官網上，但語音檔已足夠讓投資人了解該公司的經營狀況了。

附帶一提，在經營者之中，創業社長的談話尤其令人受益匪淺。因為可以從無到有創辦一家公司，並讓公司股票上市的人，都具有洞燭機先的眼力、領導部下的能力、努力不懈的身影，能夠掌握機運。當然還有吸引人的笑容、充滿鬥志的熱情及思考能力。

有人問我：「從事投資法人的工作有什麼樂趣？」我認為樂趣之一就是接觸這些大人物。我常常覺得「今天能見到這位社長真好」，也永遠忘不了相見時的情景。現在透過影片，一般投資人也可以親自感受到經營者的魄力。光是讓人覺得「真的可以免費獲得這麼多的資訊嗎？」說明會影片就極具價值了。

（按：台灣的法說會，可上「證券櫃檯買賣中心」尋找「法人說明會一覽表」，上頭詳列上市、櫃公司每年的法說會時間與地點，以及公司網頁的影片連結。路徑是：首頁→上／興櫃公司→法說會專區→法人說明會一覽表。）

重要情報都在說明會影片裡

從沒看過公司說明會影片的人，或許會懷疑：「光是聽那些說明，就能知道公司未來獲利會不會成長嗎？」有時確實會出現讓人聽不懂的業界術語，但你根本不必擔心，就算你不想努力了解，對方也會告訴你「重點就在這裡」。因為公司說明會就像廣告，是希望投資人購買股票的一種宣傳。

比方說，在電視上看到咖哩飯的新商品廣告時，沒有人會認真看待廣告內容，思考：「這是新商品耶！哪裡創新？味道？價格？還是更注重營養？」如果廣告吸引不了你，你可能看過就忘了；但如果被廣告的某個部分吸引了，你就有可能跑去買來吃吃看。

廣告在選角時，一定會找最能帶來宣傳效果的演員；公司說明會也是一樣，要宣傳公司魅力，只能由最了解公司的人──社長親自說明。因此，幾乎所有的公司，都是由社長親自主持公司說明會。

「隨便聽聽」效果最好

不過，即使由社長親自說明，宣傳效果還是有限，因為多數公司都缺乏吸引投資人興趣的魅力，如同電視廣告的多數商品，都無法引起太多消費者注意。

對我來說，公司說明會是我的「摸魚時間」。各位還記得國、高中上課怎麼「摸魚」嗎？例如下一節英語課要小考，就利用這節數學課偷背英語單字。出席公司說明會或觀看影片時也一樣，剛開始可以把注意力放在手邊的其他工作上，等開始說到**公司如何維持獲利成長**的部分時，你的注意力自然會受到吸引，而放下手邊的工作。

你不必為了尋找「這家公司的優勢到底在哪？」而一字不漏地聆聽公司說明會內容，你可以表現出「說點吸引人的話吧！這樣我才要聽」的態度。這種態度或許有點傲慢，但這就是一般消費者的態度——彷彿還沒想好要買什麼就走進店裡，而表現出「看到好東西才要買」的態度——投資人選擇投資標的也是這樣。

一支股票如果沒有吸引人的魅力，股價就不會上漲。面對熱銷商品或有未來展望的公司，不特別注意，你也會自然受到吸引。參加公司說明會時，聽到「請注意這個重點」，你的注意力自然會被吸引過去。

「真的這麼簡單嗎？」會這樣想的人請務必真正去看一次說明會影片。剛開始看的一、兩家可能會讓你覺得很無聊，但多看幾家，自然會發現有投資魅力的公司。

不論是上網看影片或是實際出席說明會，該仔細聽的重點我都列在下面：

①「景氣發言」一出現就要淘汰

　　看影片的目的是了解公司過去是基於什麼理由而成長、今後又會因為什麼理由繼續成長。出席專為法人舉辦的說明會時，一定會有人問到**今年計畫展店幾家或是計畫投資什麼設備，但這些都只是證券分析師為了撰寫報告而蒐集的情報，一點也不重要。**投資人在公司說明會上最想知道的只有最根本性問題——企業成長的要因。成長要因的關鍵字，就是「景氣」。請一定要牢記這個詞的使用時機。

　　我們常常聽到「景氣好轉，所以營業額可望增加」或是「景氣衰退，因此獲利有衰退趨勢」的說法。在影片中，**大概有八成的經營者都會說出這句話，而且還是出現在公司說明會開始不到五分鐘內。只要聽到這句「景氣發言」，你就可以立刻淘汰這家公司了。**如果你是出席公司說明會，需有中途離席的勇氣；但如果是看線上影片，則隨時可以關掉畫面。

　　如同前文所說，**決定購買股票的關鍵是：企業無論遇到什麼狀況，未來獲利都能持續成長。**如果因為景氣衰退導致企業獲利走下坡，投資人自然不會放心購買這種股票；但如果公司獲利成長、股價上漲的理由是景氣好轉，基於景氣對所有公司的影響都一樣的前提，這不是等於要投資人同時購買所有公司的股票了嗎？大多數的企業都會受到景氣影響，如果要以景氣為根據來選股，多數企業很快就會被淘汰了。

　　請先剔除這類公司，然後繼續聆聽通過篩選的說明會影片，判斷該公司能否持續成長。這種公司並不多，經營者展現出來的態度也比較積極，你絕對不會看錯。

　　看這種公司的說明會，會讓人覺得公司的發展跟景氣好壞一點也不

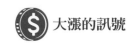

相干，即使在現今這麼不景氣的環境下，聽到經營者具體地說：「目前公司員工人數不足，雖然已經增加招聘，但新進員工一時也無法立刻上戰場，實在達不到預期的工作量，只好暫時拒絕接單。」就能確定這家公司成長動力十足。

②與業界其他公司的發展是否一致？

相同產業的股票會呈現相同走勢。在大多數情況下，這是事實。既然如此，如果想買A公司股票，除了A公司的說明會，同業的B公司說明會也應該要參加。如果A公司在業界的未來發展極被看好，而B公司卻不是如此的話，代表其中一定有問題。

我曾對美麗花圃公司（Beauty Kadan Co.）興致勃勃，它是一家提供靈堂插花裝飾服務的葬儀社。九州的靈堂多以菊花裝飾，關東則是白木鳥。但受到靈堂要布置得美輪美奐的流行趨勢影響，2000年以前沒有插花裝飾靈堂的關東地區，如今美麗花圃公司市占率已超過30%了。

由於必須在靈堂現場插花，因此必須要有插花的技術人員。在關東地區，除了該公司之外，沒有其他能培養插花技術人員的大型競爭對手，所以經營者認為公司獲利一定能大幅成長。再加上人口趨向高齡化，未來葬禮商機只會變多不會減少。

不過，該公司的股價和獲利成長卻不如預期。我為了調查是哪個環節出錯，決定參考其他葬儀社的說明會影片，才發現高齡化反而是收益成長的阻礙。

在影片中，其他公司的經營者都不看好葬儀社的未來發展。因為一個人如果是在職期間過世，很多同事都會前來弔唁，讓葬禮顯得隆重而

熱鬧。但如果是退休之後，經過很長一段時間才壽終正寢，前來弔唁的前同事自然就會少了很多。所以高齡化只會縮小葬禮模式，而營業額是單價乘以數量，所以即使數量（死亡人數）增加，只要單價降低（因弔唁人數減少，造成葬禮簡化），收益也無法成長。更何況，死亡人數的增加速度又很慢。

基本上，經營者在面對新變化時都很強勢，有時還會把和公司毫無關係的社會趨勢發展或政府政策，當成「對公司成長有利的因素」來宣傳，即使實際的影響實在微不足道，但因為一般投資人不熟悉業界的內部情況，很難判斷經營者的發言是否言過其實，所以才需要注意業界其他公司的發展。

③留意特別謹慎的發言內容

經營者在發言時通常會極力吹捧自家公司。一個本來就積極強勢的人，即使身體很不舒服，也會先招呼一聲：「不好意思，我今天說話有點鼻音，但我會盡量大聲說話。」再開始發表演說。當這樣的經營者，發言開始傾向保守時，就代表獲利比預期的還要糟，就像政治人物「因感冒住院」就代表其實已經罹患重病一樣。

下面我將舉例說明，哪些發言內容是必須特別注意的：

「因為比預期的更早進行設備投資，所以本期獲利只能剛好達成預定目標，下一期就會開始大幅成長。」

「因為展店太快造成成本增加，本期獲利沒有達成預定目標，不過下一期展店數量就會減少，獲利就會成長，兩期合計的獲利數字將

遠超過原定目標。」

「為了配合會計作帳，我們把應該算進本期的營業額挪到下一期計算，獲利也將計入下一期。這純粹是會計手段，本公司的獲利還是在穩健成長中。」

當你聽到本期獲利未達目標或剛好達標，不管理由是什麼，都必須把對該公司的財測向下修正，因為誰也無法保證下一期不會再度因為相同理由造成獲利衰退。絕大多數的投資人都只看公司公告的獲利數字來決定買賣股票，尤其是當財測惡化時更是反應敏銳。這些人不知道什麼是「下一期獲利就會超乎預期」，所以一旦這些人賣出持股，股價便會下跌。

除了這些「有隱情」必須再比較本期及下一期獲利表現的公司之外，還有很多正在持續成長的公司，現在該投資的是那些公司才對。等到這家公司下一期的獲利真的成長了，再來考慮是否買進也不遲。

④為一般投資人舉辦的說明會，較具參考價值？

有些公司會準備兩種影片，分別提供給一般投資人和投資法人參考，此時應該選擇哪一種影片才好？時間充裕的人當然可以兩種影片都看，但如果時間不夠，可以只看給一般投資人參考的影片嗎？我向來習慣兩種都看，但我覺得給一般投資人參考的影片就已經做得很好了。

為法人舉辦的說明會，並沒有所謂「只對投資法人公開」的重要情報，反而因為法人來過公司拜訪很多趟，早就了解公司概況，說明會上只會發表細節部分。但這麼做，並不會為所有的投資法人帶來方便。

投資法人又可細分成各個業界專屬的證券分析師，以及總括所有

業界的基金經理人。證券分析師自然精通負責企業的狀況，但必須兼顧所有產業的基金經理人，光聽各公司的詳細說明，並無法了解該公司的「內情」。

我們在公司說明會上想要聽到的，是該公司能持續成長的理由，而這一點必定會在為一般投資人舉辦的說明會上提及，所以**對專業的基金經理人來說，為一般投資人舉辦的說明會，較具參考價值。**

而且在一般投資人的說明會上，還會介紹企業的事業組織。以製藥公司為例，新藥在研發成功之前，必須經歷最基本的藥效發現、動物實驗、人體實驗及眾多患者的試驗等過程。整個過程需歷時多久、成功機率有多高，都會在一般投資人的說明會上說明。軟體公司舉辦的說明會則會解釋「何謂軟體」等非常基本的技術概念，零售業的說明會則會放映店面的實況影片。

這些內容都很有趣，也會影響投資人的投資意願，但是在法人說明會上，這些內容卻被當成已知資訊略過不提。

⑤說明會影片怎麼找？

要怎麼找到說明會影片呢？你可以在上市企業的官網首頁找。公司的說明會影片屬於重要資訊，因此「**投資人關係**」的相關情報通常會放在最顯眼的地方。只要尋找「投資人關係」或「公司說明會」或「影音資料」，就能找到影片連結。

（按：台灣上市、櫃企業官網的「投資人專區」大多只提供法說會的簡報檔，沒有影音檔，投資人可以上 Google 用「公司說明會」或「法說會」為關鍵字搜尋看看，例如輸入「國泰金法說會」，不過出現的內

容會摻雜新聞片段）。

　　但有些公司並未公開說明會影片，尤其規模愈小的公司愈是如此。這時該怎麼辦才好呢？

　　多數時候公司說明會上所使用的「說明會資料」是可以公開閱覽的，請參考那些資料。因為企業現在獲利成長的理由、未來能繼續成長的競爭優勢為何、阻礙成長的風險要素，通通都記錄在上面了。你可以從各公司官網進入「投資人關係」頁面，通常資料就放在裡面。

　　此外，有些網頁還會介紹**「公司的事業型態」**，並以圖解來說明與其他公司的差異處。有些公司還會用影片介紹公司及產品。通常觀看這些影片能幫助投資人快速了解該公司，所以一定要看。

　　比起說明會影片，簡明財務報表更難搞定。財務報表上雖記載了企業的經營狀況，但我很少從財務報表上掌握到重要訊息，和我從說明會影片上獲得的情報，簡直判若雲泥。

　　當你完全不知道該公司是做什麼的，又只能從簡明財務報表上獲得資訊時，我會建議暫緩對該公司的投資，因為你無法確定該公司的未來發展會如何。

獲利重點

◎想要分析公司獲利今後能否成長，最好的辦法就是觀看公司的說明會影片。它會用淺顯易懂的方式說明今後公司獲利會持續成長的理由。

◎當你聽到「景氣發言」，就可以淘汰這家公司了。80%以上的公司都屬於這一類。

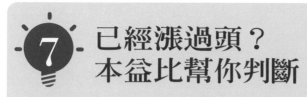

已經漲過頭？
本益比幫你判斷

即使看好某家公司，也不能購買已經大量買超、漲幅過高的股票。但是，要怎麼判斷該股是不是已經漲過頭？你可以用本益比來判斷。本益比低的股票價格較低，因此投資法人也經常使用這個指標。不過，這當中存在著什麼陷阱？本節將探討本益比的本質。

　　我將在這一節，介紹一種非常簡單、又能讓你立刻變身明星操盤手的投資法，如果你立志將來要成為專業基金經理人，閱讀本節就夠了。

　　投資股票最簡單的方法，就是購買本益比低的股票（本益比的計算詳見第153頁）。由於投資法人的操作方式是大量買進股票，多半僅限於大型股，投資對象是市值前500大的企業。

　　如果把這500支股票按照本益比高低排序後分成兩組，也就是本益比高的250家公司和本益比低的250家公司，然後比較這兩組股票的績效，會發現本益比低的公司投資績效比較好。接下來我們一樣按照本益比高低的排序，把這兩組再拆分成四組，結果發現還是本益比最低的那一組投資績效最好。

　　若再進一步細分成10組、也就是每50家公司為一組來分析投資績效，會發現依舊是本益比最低的組別績效最好，本益比最高的組別績效最差，而中間組別的投資績效，也會按照本益比的高低順序排列。

　　因此，想要成為明星操盤手，只要買進本益比最低的50支股票即

可。以我的經驗來說，按照這種方式投資，**通常可以獲得超越大盤8%上下的報酬率**。當然，本益比投資法也有失效的時候，但通常10年裡有8年會成功。基金經理人只需採用低本益比這麼簡單的選股法，通常就能獲得很好的績效。

散戶卻不能靠本益比選股，因為……

如果我們繼續進行分組，最後會變成一組當中只有一支股票，而且是市值前500大企業裡，本益比最低的那支股票。然而，實際上散戶如果只投資本益比最低的這支股票，並不會帶來最高的投資效益。

我仔細分析市值前500大企業裡，本益比最低的50支股票投資組合，每個月的投資績效，結果發現，當中投資績效最高的三支股票，創造了該月三分之二的投資報酬。如果沒有這三支股票，原本超過8%的投資報酬率將只剩下3%不到。

我覺得如果能了解這三支股票的特性，應該就能篩選出投資績效最高的標的，為此我做了許多嘗試，但還是找不出這三支股票能成為明星標的的原因。

例如：由於低本益比的投資組合，和低PBR（股價淨值比）的投資組合，投資績效其實差不多，於是我想：「既然績效差不多，投資組合裡的成分股應該也差不多吧？」於是我做了一番調查，卻發現兩組股票的成分股差異很大。

於是我又想：「既然兩組的成分股差異很大、績效卻差不多，想必少數共同的成分股，就是提高投資績效的關鍵。」沒想到調查之後，卻發現兩組股票的共同標的，投資績效都比較低。

其實如果眞的本益比低股價就會漲、本益比高股價就會跌的話，投資人早就一窩蜂都用這個標準來選股了；但若眞發生這種情形，結果就是所有股票的本益比都變成一樣，但現實狀況並不是這樣。

除非你是職業操盤手，能一口氣買進50支股票，否則只買一支股票時，用本益比來選股，不會產生相同的績效。

一般散戶不適合看本益比選股的理由有二：第一，如前文所說，想提高投資績效，得一口氣買進50支股票，這麼龐大的投資組合可是連資產規模較大的人也管理不來。

第二個理由更重要──因爲投資績效太低了。職業操盤手若能創造高於市場8%的報酬率，就算是很優秀的投資專家了；然而當大盤跌到只剩一半時，一般投資人還能滿足於-42%（-50%＋8%）的報酬率嗎？低本益比投資法雖然不是錯誤的投資方式，但效率實在太差了。

事實上，低本益比投資法也不太適合法人，而且採用這種投資方式的專家也不多，因爲市場上本益比低的標的，多半是小型股，對大盤影響較大的，卻是市值前50大企業（這50家企業的總市值，就占了大盤大概一半），法人都希望投資組合裡，能納入這些標的。

如果從法人所重視的市值前500大企業中，把本益比最低的50支股票納入投資組合，這個比例等於只從市值前50大企業中選取了5家企業，另外45家都不是市值排名最前茅的企業。

如果基金經理人這麼操作，當頂尖企業的股票大漲，自己手中卻沒有這些股票，將拉大自己和對手的績效差距。因此，與其績效超越大盤8%、且10年裡有8年能居於領先地位，基金經理人寧可獲得較低的報酬率，盡力避開這種「風險」，以免只有自己慘敗。

本益比60倍以下，爲篩選基準

　　那麼，本益比應該要如何運用？總結前面的內容，可知「低本益比投資組合所囊括的明星股，比例將高於高本益比投資組合」。這就好像日文裡有「秋田美人」和「九州男兒」這兩個詞彙，意思是說秋田有很多肌膚雪白的美人，九州有很多具有男子氣概的男性，但實際走訪當地之後，就會知道不是所有的人都是如此——本益比也是這樣。

　　圖表3-16列出了照本益比選股的問題點。低本益比投資組合裡明星

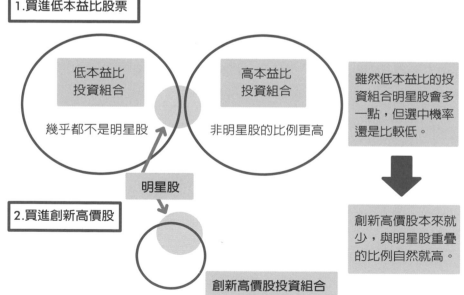

圖表3-16　低本益比選股法，不如創新高價投資組合

1.買進低本益比股票

低本益比投資組合

幾乎都不是明星股

高本益比投資組合

非明星股的比例更高

雖然低本益比的投資組合明星股會多一點，但選中機率還是比較低。

明星股

2.買進創新高價股

創新高價股投資組合

創新高價股本來就少，與明星股重疊的比例自然就高。

說明：本處的「明星股」是指市值排名前50大企業。

股不多，但比例還是高於高本益比投資組合。相形之下，創新高價股的投資組合，有更高機率找到明星股，因為能創新高價的股票本來就不多，要從這裡面尋找明星股自然比較容易。

你可能會問：「那麼，本益比完全不值得參考嗎？」並非如此。簡單來說，高本益比標的會有買超（按：指法人對同一標的股的買進張數總數量，大於賣出張數總數量，是觀察法人動向的重要指標）的風險（上漲機率低），最好避免購買。也就是說，本益比可以當作你選股的最後一道篩網。

那麼，這道篩網的基準，應該設成多少呢？

買股公式8：

以本益比60倍為篩選基準即可，不必設定得太嚴格。

為什麼是60倍？思考這個問題時，可參考企業股價創新高時的本益比，下頁圖表3-17正是為此整理出來的表格。當股價創新高時，有不少股票的本益比是個位數，也有很多股票的本益比落在10～20倍之間。

基本上，一半以上的股票都不到20倍。本益比落在30幾倍、40幾倍、50幾倍的股票數量也愈來愈少，60～110倍之間完全沒有標的，而最後2支股票的本益比則分別是114倍和154倍。

換句話說，**本益比愈低，愈容易出現創新高價股。**當本益比來到50倍左右，雖然機率並不等於零，但也幾乎看不到創新高價的股票了。由此可知，本益比在50倍以內會陸續出現創新高價股票，所以絕對不能忽視本益比的重要性。

那麼，問題來了：「即使股價創新高，高本益比的股票，再繼續上

 大漲的訊號

圖表3-17	當股價創新高時，本益比是多少？			
股票代碼	標的名稱	股價（新高價）	創新高價日期	本益比
7564	WORKMAN	1,450	2005年8月	6
5411	JFE	3,290	2005月9月	7
3397	Toridoll	103,666	2008年12月	7
7541	MEGANETOP	397	2006月7月	7
7541	MEGANETOP	846	2009年3月	8
7456	松田產業	772	2005月2月	9
9104	商船三井	380	2003年8月	12
8888	Creed	325,000	2005月7月	13
6440	JUKI	520	2005年8月	14
7122	近畿車輛	535	2009月4月	16
9616	共立維修	2,291	2005年9月	16
6379	Shinko Plantech	974	2006月12月	16
4063	信越化學	4,980	2005月9月	21
8801	三井不動產	1,349	2005月8月	22
7733	Olympus	2,130	2003年5月	23
8178	丸悅	668	2007月10月	23
4063	信越化學	7,040	2006年9月	23
7102	日本車輛	352	2009月3月	42
6363	西島製作所	1,049	2007年2月	54
2766	日本風力開發	330,000	2008月2月	56
2413	M3	226,666	2005年2月	114
3722	VeriSign Japan	249,000	2004月4月	154

說明：上述標的是作者取自日經金融電子報的連載資料。

漲的機率不是很低嗎？」會這麼問的人，一定是投資老手了。據我驗證的結果，本益比50倍以上的股票，創新高價股本來就不多。

　　雖說本益比高的創新高價股很少變成明星股，但本益比只有個位數的股票和本益比50倍的股票，兩者成為明星股的機率差距並不大。儘管如此，本益比超過60倍，確實會降低成功機率，因此高本益比仍是一種風險，應該避免購買。

本益比怎麼算？

　　本益比的相關情報，可以從何處取得呢？本益比的英文是Price Earnings Ratio，其公式如下：

$$本益比 = \frac{股價}{本期預估EPS}$$

　　假設目前股價是1000日圓，本期預估EPS（每股盈餘）是50日圓的話，那麼本益比就是：

$$本益比 = \frac{1000日圓}{50日圓} = 20倍$$

　　或許有人會問：「公式裡的『本期預估EPS』是什麼？」很多公司都會公開自家公司的財測，預測本期可達到多少獲利。公司公開發表的預估獲利包括：經常利益、稅後純益及每股稅後純益，最後一個數字便是本期預估EPS。

　　如果要投資人在分析一家公司後，歸納出一個最重要的數字的話，

那就是EPS。對投資人來說，投資對象是生產蕎麥還是人工智慧產品都無所謂。事實上，公司發表的簡明財務報表，第一頁根本沒記載「公司是做什麼的」，只有獲利才是投資人關心的重點，而最能表現獲利狀況的，就是EPS（每股盈餘）了。

以3月31日為會計年度決算日的公司，通常會在4月底到5月期間發表年度的決算結果（即年度的財務報表），並將下一個會計年度（明年3月之前）的預估數字（本期預估）記載在簡明財務報表上。

不過，本期預估EPS會因公司現況產生變化，其變化通常會公告在一、二、三季的簡明財務報表上，或是發布「本季財測修正相關通知書」。每年公告四次的簡明財務報表，大多在固定時間發表，但修正財測的通知書則會不定期公告，所以在購買股票之前，請務必確認該公司有無修正財測數字。

（按：台灣從2005年起不再強制上市、櫃公司編製財務預測，也就是圖表3-12財務預測的部分，但仍有部分公司選擇公開財務預測。已公開財測的上市、櫃公司，應於年度終了後一個月內，公告上年度財測達成情形的相關資訊。財務預測則會透過法人說明會提出，有些公司還會召開記者會。分析師則有「法說會行情」的形容詞。）

《公司四季報》上雖然也會記載本期預估EPS（按：台灣的《公司四季報》上的預估EPS不是企業發布，而是「本刊預估」的「每股純益」），不一定是最新數字，還不如下載企業的簡明財務報表，才能得到最正確訊息（檢索方式請見附錄二）。

用簡明財報算本益比，最準確

我們利用第126頁圖表3-12 Toridoll 的簡明財務報表，來練習計算本益比。Toridoll 的年度預估EPS如下：

2009年3月期的預估EPS＝14,660.36日圓

簡明財務報表公告日（2008年10月30日）當天的股價是：20萬7800日圓。

因此，Toridoll 當天的本益比計算如下：

$$預估本益比＝\frac{207,800}{14,660.36}＝14.2（倍）$$

針對預估本益比的數字，理論派的人可能會覺得：「如果現在是6月，距離明年5月的決算發表日還有11個月；如果現在是2月，則只剩下3個月。11個月後的預估數字，和3個月後的預估數字，意義完全不同，可以用在同樣的地方嗎？」

這是個好問題，所以為了克服這個理論上的漏洞，3月決算的公司會在每年1月以後使用明年度的預估數字，或是同時採用本期預估數字和下期預估數字，按照月份比例來計算12個月的預估EPS。

舉例來說，假設現在是9月，對3月底決算的公司來說，從9月開始的12個月期間「有半年屬於本期會計年度，半年歸入下一期會計年度」。因此，本期和下一期的EPS相加再除以2，就是預估EPS。

　　我也曾針對這個計算方式進行驗證，發現計算出來的結果和使用本期預估數字完全相同。由此可知，這種計算方式只會徒增麻煩而已。真正應該關心的是本益比數字是否過高，不必過分拘泥在計算方式上。

獲利重點

◎低本益比的投資組合，只是變成明星股的機率較高，並不是所有低本益比的個股都會上漲。

◎以本益比為篩選基準，排除本益比高於60倍以上的標的。

⑧ 買進後，隨時準備賣出

我一直建議各位一定要投資未來還會持續成長的企業，但這樣的公司，還是有可能會倒閉。看到這裡，想必有讀者認為：「這位作者竟然介紹如此危險的投資法！」但我的意思其實是：即使公司前景可期，買進後還是要做隨時賣出的準備。

股價當中，包含了對公司未來的展望。那麼，從股價中，可以看到多遠的未來呢？投資看的是公司前景，如果前景可期，就應該投資，問題是：沒有人會知道公司將來會不會倒閉。

不過，只要看懂賣股訊號，即使不能賣在最高點，也能在股價跌到某個程度之前全數出清持股（賣股訊號會在第四章詳細說明）。

即使是日本最優良的代表企業豐田汽車，在遇到下跌行情時，股價也從最高點下跌了70%。不過如果你早就賣掉手中持股，那麼不管股價是否繼續狂瀉，都與你無關了；況且如果公司倒閉，跌幅可就不只是70%了，而是100%，但只要你及早賣出全數持股，自然不必在乎後來發生了什麼事。

因此，不是我所推薦的投資法很危險，我想表達的是：即使是公認的時代寵兒、股價一飛沖天的公司，後來卻因為經營不善而倒閉的例子，還真不少。

畢竟股價正在飆漲時，誰也想不到公司將來會倒閉；再說，如果只能鎖定倒閉機率最低的投資標的，那就只能選擇最具代表性的大型企

業。這麼做等於放棄了投資的樂趣。

　　我以2009年1月申請破產的 Creed 公司（見圖表3-18）為例來說明。該公司股價在2004年4月創下32.5萬日圓新高後，2005年7月股價再度創新高。這正是近年來高價的買點。半年之後的2006年1月，該公司股價攀升至75.7萬日圓，上漲超過兩倍。

　　至於股價創新高價時期的公司獲利，2003年5月期的經常利益與去年同期相比，成長率是81%、2004年5月期的成長率是40%、2005年5月期的成長率則是62%，表現相當亮眼。由此可判斷，2005年7月正是買股的絕佳時機。

　　接著，我們回過來看 Creed 是一家什麼樣的公司。日本泡沫經濟破滅雖然使得大多數企業縮小事業規模，但有一種行業卻因此獲得新商機，那就是不動產重整事業。

　　泡沫經濟時期（按：1980年代後期～1990年代初期），在不動產投機風潮的席捲下，就連過去乏人問津的土地也大幅上漲。但在泡沫經濟破滅後，不動產價格暴跌，連帶使得不動產相關企業倒閉，只剩下「過去乏人問津的土地」變成擔保品留在銀行裡──淨是無法興建大樓的畸零地，或是利害關係複雜的土地（銀行以外的抵押權所有人介入，或是地權的持有者眾多）。有些不動產的價格甚至跌到只剩擔保價格的5%。

　　銀行原本打算留著擔保的土地等待景氣恢復，但過了十年依舊不見恢復徵兆，企業的耐心也到了極限，終於決定停損。但銀行並非不動產業者，沒有能力以適當的價格銷出物件，於是不動產商機出現了。無論是多奇怪的畸零地，只要降價就會有買家，利害關係再複雜的土地，只要解決這個問題，還是可以銷出去。

　　在這片不動產重整業的商機中，Creed 是最具代表性的企業，可見

圖表3-18 股價創新高後卻申請破產

■ Creed的股價及獲利

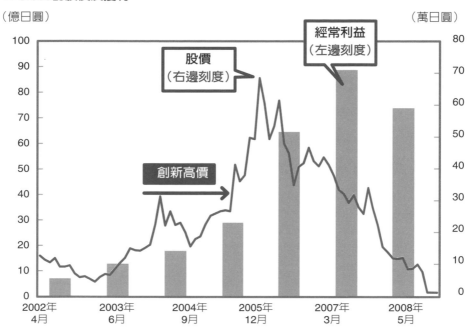

（億日圓）　　　　　　　　　　　　　　　　　　　　　　（萬日圓）

經常利益
（左邊刻度）

股價
（右邊刻度）

創新高價

| 2002年4月 | 2003年6月 | 2004年9月 | 2005年12月 | 2007年3月 | 2008年5月 |

Creed 當時是多麼受到關愛的時代寵兒，這一點也表現在公司獲利上，當時有誰料得到，它會有申請破產的一天呢？

公司的未來會如何，連經營者本人都不知道。投資股票只能看到公司近期的發展，因此，選在股價創新高、投資人開始對企業的未來產生信心的時候進場，才是最聰明的選擇。

然後，在買進股票之後，就要做好行情隨時可能下跌的心理準備。

獲利重點

◎即使是現在成長快速的企業，也無法預知未來發展會如何。經營者和
投資人都只能努力掌握近期的獲利表現。

三種情況出現
你該立刻賣股

　　放假時我喜歡搭著火車四處旅行，有時搭快車，有時搭慢車，有時還會中途轉搭公車，總之就是隨心所欲、漫無目的。但回程就不是這樣了，因為早就疲憊不堪，總是直接回家。旅行的去程和回程對我而言有著不同的意義：去程充滿期待與迷惑，回程就只想著回家——這種心情，和股票買賣其實很像。

　　很多人以為買股和賣股是一體兩面的同一件事，事實上這兩種行為的目的不同，中間的心路歷程也完全不一樣。買股是從所有股票中，篩選出自己中意的標的，無論篩選條件多嚴格都不為過。選好買下後，萬一淘汰的股票中出現飆漲股，也不過是損失一次獲利機會，只要自己選中的股票會漲就好。

　　賣股就不一樣了，一旦買下某支股票，無論是上漲獲利還是下跌賠錢，總有一天都得賣出。跟買股不同的是，要賣出的標的早就決定好了。賣出股票是確定獲利（損失）的行為，買股時可能還會感到迷惘，但賣出時完全不必迷惘，只要按照賣股公式執行即可。

　　投資人必須充分了解賣出股票的理由，否則面臨必須賣股的時刻，可能會猶豫不決（這絕對是大忌！）。本章將說明遇到哪三種時刻必須賣出股票，而無論是哪種情況，都請務必確實執行賣股公式。

 行家絕不會設定
「漲到幾塊錢就賣掉」

我將在本節解釋上升行情的特徵。你可能會問：「不是要說明賣股公式嗎？怎麼會是解釋上升行情？」因為**投資的目的就是為了賣在高點**，所以有必要了解上升行情的特徵。一旦你明白了這一點，就再也不會預設「漲到幾塊錢就賣掉」的目標，而是學會掌握正確的賣股時機。

　　當你看多了股價走勢圖，就會發現股價創新高價前後的波動有很大的不同。在股價創新高之前，儘管企業有獲利支撐，還是維持好一段時間的緩慢波動。就連獲利表現亮眼的公司，其股票的投資績效依舊低於市場平均值，股價一點也不合理。

　　為什麼會這樣？**因為投資人不買，所以股價不漲**。也就是說，大部分的投資人都對該公司的未來獲利沒有信心。假設我們確實知道所有的股票獲利，都會以年利率（例如24%）的幅度成長，那麼股價也應該像銀行存款一樣，本金加上利息會隨著時間而增加，而且增加幅度是每年24%、每個月2%，或是每週0.5%。

　　然而，股票投資沒有所謂「確實知道」這件事。企業近期的獲利再好，投資人也無法確信好景能否持續下去，因此股價會跟著投資人的信心上下波動。不過，等到股價創新高後，情況便完全改觀。許多人會注意到這支股票，於是股價每天創新高、成交量會開始增加，就像要討回過去緩慢波動時所浪費的時間似的，一口氣飆漲上去。有的股票暴漲起

來氣勢如虹，這代表多數人對該公司的未來獲利深具信心。

在股價創新高之前，投資人對公司未來能否長期成長抱持懷疑眼光，直到價格創新高的那一刻才突然改觀。這是因為投資人沒有先見之明、看不出這是一支好股票嗎？並不是，這是因為股票投資只能預測到下一階段的發展，因此股價在創新高價之後，波動才會如此劇烈。

買氣旺，股價才會漲

根據日本《大辭泉》辭典的解釋，諺語「有福不用忙」的意思是：「憑人力不能使幸福造訪，只能耐心等待時機。」這個諺語也可以用在股票投資上，意思是：「只要搭上獲利的順風車，股價就會抓住漲勢，使獲利達到最大」。想讓你手上的股票獲利增加，要靠市場人氣，而非個人的力量，所以我們只能耐心等待股價飆漲。

有市場人氣加持的股票，就像坐上開往高山的「山頂列車」，列車一旦起步，就會產生加速度。市場人氣會加快股價的漲勢，而且讓股價毫無理由地長期上漲，尤其當股價快要漲至最高點之前，漲勢更是猛烈。

我們來看一個實際例子。下頁圖表4-1的JFE控股公司（日本鋼鐵龍頭之一）在創新高價後，股價連漲了23個月。這段期間有17個月都是陽線，而且股價創新高價後的連續7個月也都是陽線（見下頁「一分鐘認識K線圖」）。

注重基本面分析的投資人看到這種情況，可能會覺得：「該股的漲勢比獲利的成長幅度還要快，最好把股票賣掉。」以JFE控股公司來說，股價在短期之內就上漲兩倍以上，遠超過該公司獲利的成長幅度。

 大漲的訊號

圖表4-1 在上升行情中漲勢強勁的實例

■ JFE控股公司的月K線圖

（日圓）

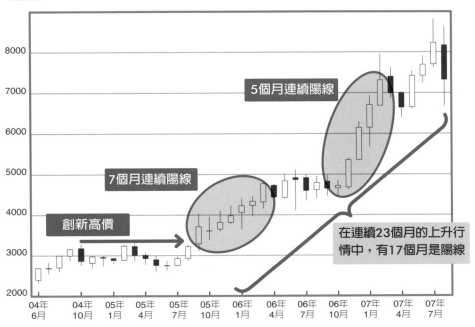

說明：表中年份為西元紀年。

　　用我前兩章所介紹的投資法進行投資，買到的都是隨著世界發展趨勢成長的股票。世界往往會朝著大家意想不到的趨勢發展，像是誰也預測不到網路商機會一下子熱絡起來，也不知道雷曼兄弟會造成全球瞬間陷入不景氣。

　　由於趨勢發展無法事先預知，所以絕不能設定上漲多少就賣出的目標價，況且在投資學裡，也沒有所謂「股價上漲多少%就會暫時進入穩定期」的統計數字。因此，預設一個股價漲到某價格就賣掉的目標價，一點意義也沒有。

一分鐘認識K線

最高價 收盤價 開盤價 最低價 **陽線　陰線** 最高價 開盤價 收盤價 最低價	K線又稱陰陽線，原本是日本米商用來記錄米市的行情波動用的，後因標畫方法具有獨到之處，在股市及期貨市場被廣泛採用。陰陽線的標記方式是： 陽線：收盤價＞開盤價，代表上漲； 陰線：收盤價＜開盤價，代表下跌。 粗線稱為「實體」，細線稱為「影線」， 實體上方細線稱為「上影線」，實體下方細線稱為「下影線」。
長白	實體幅度大，上下影線短，代表強烈漲勢。
長黑	實體幅度大，上下影線短，代表大跌。
蠟燭	開盤價＝最低價，白線實體長，上影線短。 代表反轉的徵兆，上影線愈短，反彈的力道愈強勁。
A　　B 十字線	開盤價＝收盤價，上下影線比實體線長 代表買方與賣方的力道差不多。
T字線	收盤價＝開盤價＝最高價，下影線極長。 代表多方發動攻勢的前兆。
倒T字線	收盤價＝開盤價＝最低價，上影線極長 代表多頭反轉的前兆。
一字線	代表跳空漲停或跳空跌停。 跳空漲停：代表股票太熱門，一開盤就開出漲停價，但賣家惜售，所以一路維持漲停價格到收盤。 跳空跌停：代表大家搶著賣，但賣不出去，所以一路維持跌停價，直到收盤。

成爲主力股，股價將一飛沖天！

當股價上漲的速度快過公司獲利成長的速度時，並非單純的漲幅過大，而是因爲未來獲利提早被計入股價了。代表性的標的就是集市場人氣於一身的主力股。

最典型例子就是圖表4-2的日本電工。該公司在日本股市一片慘跌的情況下一枝獨秀。由於全球商品價格大漲，該公司生產的錳鐵（錳與鐵合成的鐵合金）也應聲漲價，使得該公司的獲利呈直線成長，連續八季

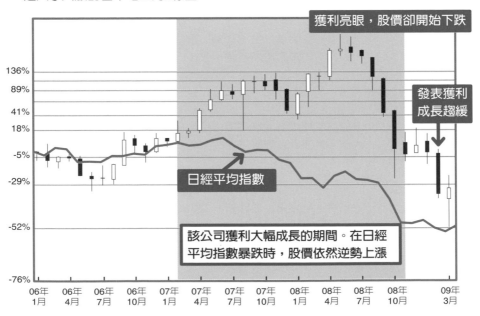

圖表4-2 大盤指數暴跌時，股價依然上漲

■ 連八季大漲的日本電工月K線圖

說明：左側是以2006年1月的股價爲基準點的漲跌幅變化率。

（兩年）的獲利都大幅增加。即使是這段獲利成長幅度最小的時期，和去年同期相比，經常利益的成長率也高達64%。

日本電工的股價從2006年6月的282日圓，上漲至2008年5月的1182日圓，2年來成長了4倍。當股價漲至高點時，該公司的獲利依然持續大幅增加，甚至到2009年2月發表的2008年第四季財務報表（亦即2008會計年度的財務報表，此時已經發生金融風暴）中，獲利成長率還有16%，而這時已是股價到達高點之後8個月的事了。換句話說，原本應該跟著公司獲利，在這8個月內慢慢漲的股價，早就已經急遽上漲了。

還不到停損標準，就該繼續持有

所以，投資人在面對股票價格開始如火山噴發般暴漲時，如果能夠不因漲勢凶猛而感到畏懼，就有機會賺到最高報酬。可是一般人在股票上漲後，都想立刻獲利了結。下頁圖表4-3的滿足曲線，可以說明投資人的心態。

當股價開始高於買價，投資人的滿足感也會突然大增。此時漲勢只要稍微趨緩，滿足感就會大幅減退，於是投資人就會想：「已經賺錢了，就賣掉吧！」這可不是專業投資人會有的態度。

如果投資人的滿足感跟理論上的一樣，則獲利20%時的滿足感，將是獲利10%時的兩倍，就不會覺得：「已經賺了錢，快點獲利了結吧。」但現實並非如此。

投資股票的重點是：只要買進的股票還不到停損標準，就應該繼續持有，讓獲利繼續增加。

 大漲的訊號

圖表4-3 股價才剛漲上去，為何就想賣？

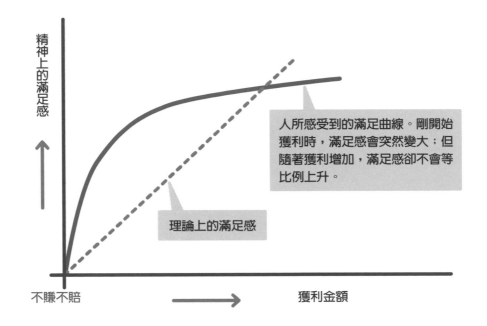

人所感受到的滿足曲線。剛開始
獲利時，滿足感會突然變大；但
隨著獲利增加，滿足感卻不會等
比例上升。

理論上的滿足感

精神上的滿足感

不賺不賠　　　　　　　　　　獲利金額

獲利重點

◎股票在突破新高價後就會一路上漲，漲勢和先前的緩慢波動完全不一
　樣。
◎股價在漲到最高點前的漲勢最驚人，要是太早賣掉非常可惜，因此別
　一到「目標價」就賣掉。

② 看出暴跌跡象，就不會大虧

股價漲勢再凶猛，還是會有下跌的一天。那麼，下跌行情有什麼特徵？只要看出下跌行情的特徵，就不怕會賠錢了。

日本有一句諺語說：「明天得一百，不如今天得五十。」意思是確保眼前獲利，比追求最大獲利重要。日本戰後的行情分析大師石井久（立花證券創辦人）就以這句諺語當作座右銘，演講時也不斷強調這一點，意思是：**買進的股票必須賣掉才算完成交易**，但因為股價的未來走勢難以斷定，所以必須在恰當的時機賣出持股。

或許有人會質疑：「那不就和你前面說的『有福不用忙』自相矛盾嗎？你不是說過股票一開始上漲，根本不知道會漲到多高，所以不能輕易賣出嗎？」你會產生這種疑惑非常正常，就讓我在這裡好好解釋一番。

不知道股價可以漲到多高，表示漲勢也有可能馬上就結束。在賣股訊號尚未出現之前，絕對不該賣掉股票，可是一看到賣股訊號出現，就必須「馬上」賣掉，因為接下來就會出現「暴跌」。

當股價長期上漲，投資人就會盲目地期待「還會再漲上去」，但這是錯誤的。因為一旦跌勢來臨，股價將會暴跌。這就是下跌行情的本質。

金融商品都一樣，跌勢一定比漲勢猛烈

我來解釋賣股的重點為什麼是「暴跌」，因為下跌的速度快得嚇人。上升行情和下跌行情的特性不同，兩者的走勢並非左右對稱。一般來說，**股價上漲需要較長的時間醞釀，下跌卻可以在很短時間內就實現**，這是因為只要出現一絲絲利空消息，膽小的投資人就會立刻脫手。

股價下跌通常只需上漲期間的二分之一到三分之一時間，有時下跌速度還會更快。請看右頁圖表4-4，日經平均指數從2003年4月28日的7607點上漲至2007年7月9日的18261點，歷時1533天。之後便逆轉為下跌行情，並在2009年3月10日跌至7054點，歷時610天。你可以發現，下跌期間不到上漲期間的一半，可見跌勢多麼猛烈。

不光只有股票這樣，所有的金融商品都一樣。2000年代最具代表性的大波動就是原油價格，從2001年11月的底價16.7美元開始上漲，到了2008年7月漲至147美元，之後價格開始下跌，並在2008年12月跌至32美元。上漲所需天數是2426天，下跌卻只要161天。

或許有人會想：「既然跌勢如此猛烈，有沒有辦法在跌勢開始之前就看出來？」很遺憾，**沒有任何方法可以精準預測出股價的最高點。即便如此，在上升行情期間賣掉股票，還是愚蠢至極**。因此，投資人必須先確認股價已經漲到最高點，然後**在股價開始下跌期間出脫**。

基於上述理由，本書的投資策略是選定一支獲利成長穩定的股票，然後長期持有，而非每天進行交易。儘管是中長期投資，但因為股價跌勢總是呈現加速度，賣股的本質始終是「壯士斷腕」。

我一直強調「暴跌」，其意取自日本諺語「從清水舞台跳下去」（按：傳說如果從京都清水寺的清水舞台跳下去卻沒死，所許的願望就

圖表4-4 跌勢比漲勢猛烈

■ 日經平均指數的月K線圖

（日圓）

說明：表中年份為西元紀年。

會實現；後來引申為做事有破釜沉舟的決心）。從投資的觀點來解釋「暴跌」，就是不要三心二意，覺得：「股價會不會多少回升一點？現在賣掉不會太可惜嗎？」請爽快地賣掉股票。

賣股訊號會出現在股價從最近高價往下跌了一點、並且可據此確認股價已達到最高點時。此時千萬不可以有「等價格回到原來高點後再賣掉」的想法，因為一旦跌勢開始加速度進行，很快便會慘跌了。

一旦買進股票，就必須忘掉你買進的價格。股票軟體通常會提供一種服務，只要輸入個人的持股數量及買進價格，就會自動幫你試算出

股票投資組合今天未實現的損益數字爲何。我強烈建議你別使用這個功能，因爲今日的價格便是一切，和當初購買的價格完全無關。

　　還有，有些人在賣掉股票之後還會想著：「要是沒那麼早賣掉，就可以賺更多了……」但是從暴跌的觀點來看，這完全是錯誤的想法。賣出的那一瞬間，就應該忘掉你賣出的股票。

一日暴跌行情，你該買還是賣？

　　美國的道瓊工業指數於2010年5月6日，留下了一個歷史下跌紀錄。理由並不是跌幅過大，因爲歷史上跌幅更深的紀錄所在多有。

　　請見右頁圖表4-5的單日K線圖，當日跌幅一度來到-9.2%，跌了將近1000點，到收盤時又回升到-3.3%。成交量隨著跌勢加速而增加，可見多數投資人都以爲指數將進一步下跌（指數後來回漲時，成交量也增加了，這是因爲投資人看到股價回漲，原本賣空的大戶又趕緊回補的關係）。

　　如果說「收盤價代表投資人當天的整體判斷」，那麼以低於收盤價的價格賣出股票的人，等於賣出價格比所有的投資人都還要低，也因此被視爲笨蛋。何況那天以最低價賣出的投資人還不是普通的笨蛋，因爲從收盤價（-3.3%）到最底價（-9.2%）之間，差距可是5.9%！

　　後來當局宣布該日的下跌是程式交易系統出錯造成的，因此部分交易被視爲無效。所謂的程式交易，是根據過去的股價波動類型，在出現某種程度的漲跌時，判斷股價將持續相同走勢，而決定買賣股票的交易系統。最近尤其流行在行情瞬間波動時進行交易，使得行情瞬間就決定了波動方向。此系統是根據過去的股價波動類型做判斷，因此在遇到過去不曾出現過的波動時，系統就會無法正常運作。

圖表4-5 美國道瓊工業指數瞬間暴跌近1000點

■ 2010年5月6日的單日走勢圖

美國道瓊工業指數

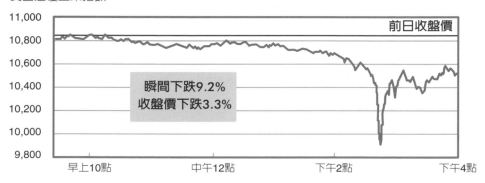

前日收盤價

瞬間下跌9.2%
收盤價下跌3.3%

早上10點　　中午12點　　下午2點　　下午4點

（萬股）

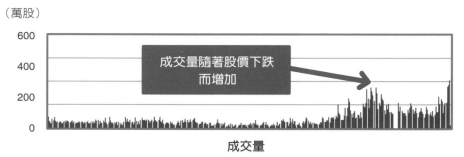

成交量隨著股價下跌
而增加

成交量

　　少數的操作失誤並不會造成大盤的大幅下跌，所以這是系統失誤才會出現大量賣超。至於同一時間會出現如此大量的賣超，是因為紐約股市有七成交易都屬於程式交易。因此，像紐約股市這種全世界最大的股票市場，出現單日大幅下跌（或上漲）的情況也就不足為奇了。

　　今後還是有可能發生美國5月6日這種先大跌再上漲的情況，除了系統上的疏失，投資人經由個人判斷後所採取的行動，也可能引發相同情況，這就是這件事帶給我們的教訓。

　　股市很可能在下一次出現更大的跌幅，到那時當局也可能不再認為

是系統的疏失。畢竟在下跌行情裡，我們不知道會發生什麼事。

賣股條件必須既簡單又明確！

股價下跌的速度非常快，但持股必須在暴跌之前脫手才行。為此，事先設定好賣股條件並嚴格執行，才是最好的辦法。賣股比買股簡單，只要一發現以下三種情況，就要立刻賣掉：

①停損：**當股價背離當初預測的行情下跌時，不管理由是什麼，都要立刻賣出股票**（參見第四章第六節）。

②基本面惡化：公司出現利空消息時，立刻賣出股票（參見第四章第三節）。

③進行技術面分析時，發現賣股訊號：**評估股價已經漲到最高點時，立刻賣出股票**（參見第四章第四節）。

這三大賣股原則是依照緊急程度排列順序，只要按照本書內容採取行動，你不但能確保獲利，還能大大減少股價暴跌時持有股票的風險。

獲利重點

◎下跌行情來得比上漲行情快，短期內就會出現大量股票拋售的情況。

◎賣股的重點是暴跌時「壯士斷腕」。一旦決定賣股，就要果決地斬斷「等股價再回漲一些」的觀望之心。

3 怎樣的壞消息
才是真的壞消息？

當公司出現壞消息時，投資人容易因爲思緒慌亂「怎麼辦？要賣嗎？還是再觀望？」而任由時間流逝，遲遲做不出賣股決定。因此，針對「怎樣的壞消息代表必須立刻賣出股票」，必須要有明確的基準，而且要牢牢記住。

　　公司每天都會發布新消息，投資人買進股票後，就不必再注意好消息了。因爲就算聽到有助於股價上漲的利多，也沒有可以採取的行動；另一方面，買股之後，對壞消息則必須敏感，因爲壞消息是股價下跌的根本原因，投資人必須根據壞消息來決定要不要拋售股票。

　　但什麼才是壞消息？什麼不是？有時在判斷上難免會產生意見分歧。例如：某零售業者的一家門市，賣的餃子被摻進毒藥，對投資人而言，這算是必須拋售股票的壞消息嗎？某公司某個月的營業額成長率大幅衰退，這算是必須出清持股的壞消息嗎？

　　人類習慣逃避思考過於複雜的事，所以在聽到壞消息時，多半會做出「再觀望看看」的結論。等到股價大跌之後，又會覺得「反正已經跌了這麼多，想必已經利空出盡，不會再跌了。」沒料到隔天股價再度下殺。通常在投資人做出賣股決定之前，股價已經跌了二到三成，可見這種拖延戰術會帶來最大的傷害。

　　因此，你必須先確定好賣股基準，然後「符合基準就立即賣出，不符合就不必理會」。具體而言，什麼是會造成利空的消息呢？必須立即

賣股的消息有兩種：

【會造成利空的壞消息】
 1 獲利惡化的消息
 2 有損公司信用的消息

　　投資人會購買股票是因為公司獲利良好，這樣的好成績一旦蒙上陰影，就該賣掉股票了。還有，一旦出現有損公司信用的消息（意外事故、醜聞等），使公司信用評價倒退，就會流失客戶、影響收益；這種時候也應該賣股票。
　　另一方面，什麼樣的消息不會影響股價呢？

【不會影響股價的消息】
　人事異動
　配股的增減額度
　新產品
　新事業（創設子公司、進出海外）
　變更公司章程
　股東會……等

　　各位可能會覺得奇怪，為什麼配股和新產品這兩項消息不會影響股價？
　　配股是增加還是減少固然重要，但在此之前，公司早就已經公布企業獲利是成長還是衰退了。投資人關心的是獲利的變化，而不是「事後處理」的配股政策。

公司開發新產品或投入新事業的消息固然重要，但這不該是在財經新聞中了解的事項。公司說明會（或影片）上，經營者都會說明投入新事業的理由及方針，所以這方面的消息請以說明會的內容為主。以我的經驗來說，有關新產品或新事業的新聞都很枯燥無聊，而且往往看過之後還是搞不清楚事情的來龍去脈。

接下來讓我們回到本節的主題，來看利空消息的具體例子。

獲利成長不到20%，立刻賣

沒有人認為獲利惡化是買股的利多消息，但獲利要惡化到什麼程度才必須賣掉股票，判斷標準就因人而異了。舉例來說，財報出現虧損當然是利空，但即使是獲利成長，只有5%或15%的成長算多嗎？

其實投資人根本不必為此猶豫不決。請回想前文說過的買股具體條件——單季獲利成長率（與去年同期比）必須符合營業額10%、獲利20%的條件，其中尤以獲利成長20%最為重要。持有股票的前提就是維持上述的成長率；反過來說，如果不能維持20%的獲利成長率，就必須賣掉股票。

也許有人會想：「獲利成長不到20%，就叫做利空消息嗎？這個標準未免也太嚴苛了吧？」但請記住你購買的是創新高價股，**創新高價股若想再創新高，就必須具備更大的成長能量。**

賣股公式1：
近期獲利成長（與去年同期比）不到20%，立即賣出。

我們根據這道公式來看下面三種情況。這裡多舉了幾家公司當例子，是因為每家公司「出現利空消息」與「股價下跌」之間的關連性都不同。也就是說，有些公司會因為利空消息使股價應聲下跌，有些公司則是先維持一段時間的穩定波動，然後才開始下跌。

我們無法預知股價會不會「立刻下跌」，所以基本上我會建議「立即賣出股票」，但你還是得知道當利空消息出現時，股價會有很多種不同的反應。

①當季獲利成長未達20%，賣

圖表4-6的上圖是日本雅虎創新高價前後的股價走勢圖，該公司在股價創新高後的10月24日公布獲利成長18%（2007年度第二季），由於過去一年的各季經常利益與去年同期比，成長率依序是31%、30%、24%、24%，獲利表現亮眼，現在卻首次出現獲利成長不到20%、只有18%的情況。

這表示這支股票的成長動能已經衰退，於是投資人失去信心，決定隔天開始拋售股票。因此隔天一開盤，股價便從前一天的收盤價（5.58萬日圓）下跌9%，來到5.08萬日圓。這就是獲利成長不到20%導致利空的最好例子。

第180頁圖表4-7是日本迴轉壽司連鎖店Kappa Create的走勢圖。Kappa Create原本因為走低價策略、加上店面重新裝潢，使得上一季獲利成長25%、上上季獲利成長53%，可說是大幅成長，但自從在2009年10月5日公布第二季獲利只有2%的成長後，投資人認為該公司的成長已經停止，股價也因為這份季報而中止漲勢（此外，該股股價在創新高價之

圖表4-6 當季獲利成長未達20%，賣

■ 日本雅虎的K線圖

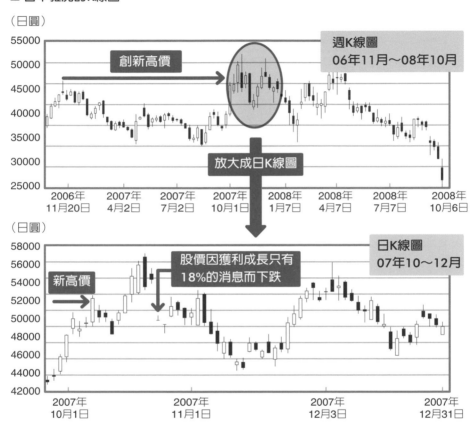

前便開始崩盤，並未達到我們的買股基準）。這個例子說明了當獲利成長率只剩2%時，會改變中長期的股價變化。

圖表4-7 獲利成長率太低，投資人就會開始拋售持股

■ Kappa Create的週K線圖
（日圓）

未達新高價

公布獲利只成長了
2%的消息。過去兩
季連續成長25%以
上。

2008年　2009年　2009年　2009年　2009年　2009年
10月6日　1月5日　4月6日　7月6日　10月5日　12月28日

②財測向下修正，賣

　　當公司發布的財測數字向下修正時，不論修正數字是大是小，都要「立即賣出股票」。圖表4-8是Digital Hearts（科技公司，提供電子產品軟體整合、偵錯、排除故障程序等服務）的股價走勢圖。這家公司連續兩季獲利成長率分別高達40%及128%，使得股價在創新高後仍持續上漲。

　　但是在2009年7月30日發表的第一季財報中，出現-68%的衰退，同時又將上半年度的財測向下修正為-37%，使得股價停止上漲。然而，如

圖表4-8 財測向下修正，賣

■ Digital Hearts的週K線圖
（日圓）

同圖表4-8所呈現的，該公司的股價並未立刻下跌，反而維持了兩個多月的高價。

③即使財測向上修正，不達標準也要賣

基本上，財測向上修正屬於買股的利多消息，但如果向上修正後的獲利成長率仍不滿20%，就該賣出股票。下頁圖表4-9的 Mars Engineering 是一家專精於IC卡技術的科技公司，且主攻柏青哥店及遊樂中心裡的娛

圖表4-9 財測向上修正，不代表獲利成長

■ Mars Engineering的週K線圖

（日圓）

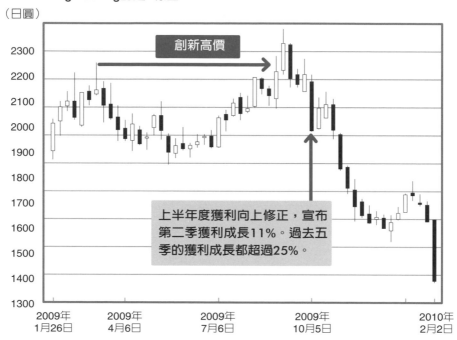

創新高價

上半年度獲利向上修正，宣布
第二季獲利成長11%。過去五
季的獲利成長都超過25%。

2009年
1月26日

2009年
4月6日

2009年
7月6日

2009年
10月5日

2010年
2月2日

樂機器，以此來擴大市占率。

　　該公司的經常利益成長率依序為25%、41%、37%、66%及31%，連續五季創下高成長紀錄。

　　該公司在創新高價不久後的2009年10月5日，公布第二季（7、8、9月）財測向上修正（按：第二季財測是在第一季公告）。說是預測，但公告日是在9月結束不久後，等於是在預告第二季財報的決算結果，因此預測數字其實就是決算數字。

　　此次獲利向上修正是將上半年度六個月的經常利益預測數字，從

35.8億日圓修正為42.1億日圓。由於第一季財務報表早已公布，因此只要使用減法就能算出第二季與去年同期相比的成長率，於是我們知道7～9月的經常利益只成長了11%。與過去的成長率相比，呈現大幅停滯的狀態。隔天該公司的股價馬上下跌6%，當週共下跌了11%。由此可知，該股的股價走勢已經因此轉升為跌了。

④財測偏低，就是賣股訊號

當一年內的全期獲利預測偏低時，也要賣掉。

下頁圖表4-10是水底抽水機的大型製造商鶴見製作所的股價走勢圖。鶴見製作所在2006年5月19日發表同年3月期的決算報告。這一年該公司的經常利益雖然成長了45%，但2007年3月期的預測數字卻是-32%。2005年3月期的經常利益是31億日圓，2006年3月期是45億日圓，但到了2007年3月期的預測數字，卻又回到一年前31億日圓的水準。

公司公告的預測獲利多半傾向保守，因為對上市公司而言，公開財測數字已經變成一項非達成不可的指標，所以一般都不願意宣告過於天馬行空的數字，寧可保守一點。

如果該公司宣布獲利預計成長10%以上，投資人接收到的訊息會變成「其實可以成長20%，這只是保守一點的估計」，所以市場不會有太大的反應。實際上該公司發表的-32%是非常保守的預測數字，因為2007年3月期的實際衰退只有-18%。

雖說財測數字已經偏向保守，但原本獲利成長45%的公司，竟掉回一年前的水準變成負成長，還是很令人驚訝。這家公司的訂單偏向長期性，公司方面已能大致掌握未來一年的營業額，因此隔天股價立刻下跌

圖表4-10 獲利預測惡化，使股價觸頂後反轉

■ 鶴見製作所的週K線圖

（日圓）

> 去年的獲利成長45%。
> 今年財測預計會衰退-32%

6%，到5月底總共下跌了17%。

這個例子告訴我們一件事，那就是本書推薦的投資法雖然重視最近二到三季的獲利成長率，但即使這些數字符合條件，**當公司發表的財測預估數字過低時，還是要淘汰。**

還有，公司的財測數字會公布在簡明財務報表上，實例請參考第三章第四節的圖表3-12。此外也請留意預估經常利益的成長率。

公司爆發醜聞，立刻賣

有關公司的壞消息，除了獲利衰退，還包括醜聞和意外事故。基本公式如下：

賣股公式2：

公司爆發醜聞時，立即賣出股票；
發生意外事故時，原則上也要立刻賣出股票。

對公司而言，最壞的消息莫過於爆發醜聞了。一旦投資的公司爆出醜聞，就必須立刻賣出股票。

公司正式承認之前，醜聞都會先在新聞媒體上傳得沸沸揚揚，這時公司方面通常會主動澄清：「今天部分新聞媒體報導了○○相關事件，但那件事並非本公司發布的。」當你聽到這樣的澄清時，千萬別認為「該公司並未承認，表示有可能是假消息」。那只是公司在裝蒜，你要立即賣出股票。

醜聞和意外事故不同，是公司有意進行的違法行為。近年來，社會大眾面對醜聞的道德標準愈來愈嚴苛，只要出現醜聞就會造成股價狂瀉。萬一你不幸持有該公司股票，如果只想著「現在賣掉會賠錢」的話，最後很可能會以慘賠收場。

爆發醜聞的公司會因事件性質而有不同下場，最嚴重的就是股票下市。例如在發生集體食物中毒事件（2000年）後，又爆發偽造牛肉產地事件（2002年）的雪印，發生職業股東利益輸送事件及有價證券報告書記載不實的西武鐵道（2002年）、財報造假五年的佳麗寶化妝品集團

（2005年）、粉飾合併財報的活力門（2006年）、過去六年虛報巨額營業額的食品製造商加卜吉（2007年）等等（說明：西元年是醜聞爆發的年份）。

股票下市並非倒閉，不會像申請破產的公司那樣，在下市前股價跌到只剩一日圓。然而，股票一旦下市，手中的持股就再也無法賣出，所以投資人都會趁下市前趕緊拋售持股，導致股價暴跌。當公司爆發醜聞的那一刻，沒有人知道最後會不會演變成股票下市，所以趕緊拋售持股才是最安全的做法。

我們來看下面的實例。

日本火腿公司的牛肉冒充國產事件

2002年8月7日，新聞報導了日本火腿公司的牛肉冒充國產事件（見圖表4-11）。該公司股價因這篇報導暴跌，最後以跌停板作收。隔天8月8日股價又跌出漲跌幅度的最大限制（按：日本股市依照股價高低設定了不同限制，不像台灣都是7%。以這支股票來說，股價1000～1500的漲跌幅限制是300日圓），股市交易還因賣股過多而一時暫停。再隔天的8月9日以993日圓開盤後，成交量急速大增。

日本火腿在醜聞爆發之前的股價是1453日圓，至此已下跌了32%。但如果以當天的收盤價925日圓賣出的話，損失又會進一步擴大。日本火腿股價在8月13日跌至最低價的741日圓。這支股票在8月9日的成交量相當可觀，是醜聞爆發前50天的成交量平均值的59倍。由此可知，有多少投資人想要拋售該公司股票。

然而，該公司股價自8月13日跌至最低價741日圓後就開始從谷底反

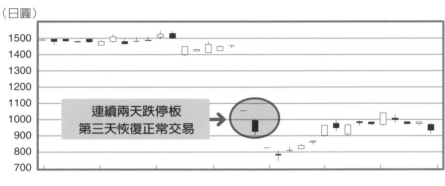

圖表4-11 牛肉冒充國產事件，造成股價大暴跌

■ 日本火腿的日K線圖

連續兩天跌停板
第三天恢復正常交易

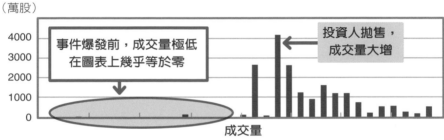

事件爆發前，成交量極低
在圖表上幾乎等於零

投資人拋售，
成交量大增

成交量

彈，並於2002年底回升到1185日圓。但這是事後得知的結果，並不表示當時沒有下市的風險，所以投資人還是趁早賣出股票比較安全。

子公司出包，母公司股價也會被拖下水

2010年2月9日，媒體報導了小糸工業（按：日本最大的飛機座椅製造商，全球32家航空公司約1000架客機，皆採用該公司座椅）篡改飛機座椅測試數據的新聞。因為這篇報導，小糸工業的股價一開盤就跌了

20%，收盤時又跌出漲跌幅的最大限制，下跌33%，成交量高達過去50天平均值的390倍。

該公司的股價漲跌情況基本上與和日本火腿公司一樣，但我想用這個例子說明的是：如同父母必須為孩子的行為負責，子公司發生醜聞，也會波及母公司。我們來看持有小糸工業50%股份的母公司——小糸製作所的股價變化。

2月9日，小糸製作所的股價以下跌10%收盤，成交量是過去50天平均值的5倍。可能有讀者在看到這數字後會想：「既然持有50%的股份，就應該承受50%的影響，那麼子公司的股價下跌33%，母公司難道不該下跌16～17%嗎？」

醜聞對公司收益的衝擊程度，將決定股價的跌幅。如果小糸工業出現一億日圓的虧損，母公司的財報確實需要分攤一半的損失，但母公司小糸製作所的收益來自各種不同領域的事業，像是醜聞爆發之前的2009年3月期，母公司的淨利中，只有11%是來自小糸工業。

因此理論上照比例來算，母公司股價的跌幅應該只要子公司的一成就夠了。換句話說，當子公司股價下跌33%時，母公司應該下跌3%。但實際上，母公司的股價卻下跌了10%。

獲利數字的影響雖然只有一成，但是對母公司形象的打擊，不會只有一成。請記住醜聞發生時，必須嚴格追究母公司應負的責任。

還有，一個月後，子公司和母公司的股價走勢便完全不同了。子公司還陷在低迷狀態，但母公司已經止跌回升。這是因為股價又開始隨著公司獲利而漲跌了，只是**我們無從得知投資人會在什麼時間點，開始恢復理性**判斷。

公司發生意外事故時，先了解狀況

意外事故是指火災、爆炸、交通事故、食物中毒等公司意料之外的事件。公司爆發醜聞就必須立刻賣掉股票，但大眾對待意外事故的標準沒那麼嚴，一般來說，公司都會針對可能發生的意外購買保險，所以事故的損害賠償可以用保險金來理賠，不會影響到公司收益。

①對公司獲利影響不大的大意外

連鎖餐廳事業平均每年會發生10起左右的食物中毒事件，後續處置頂多是讓引起食物中毒事件的店面停止營業，鮮少影響公司的整體營收，更遑論是股價了。

石棉公害危及從業人員及當地居民健康，就會引發社會問題。久保田公司（日本最大的產業機械製造商，例如農業機械、建築用機械等）曾針對這個問題，表示願意負起社會責任。下頁圖表4-12是該公司發表聲明前後的股價走勢圖，我們可以看到該公司股價並未因石棉公害問題而下跌。理由是投資人認為，和該公司的經常利益規模（2005年3月期1560億日圓）相比，該公司所要負擔的理賠成本只是九牛一毛。

大規模的意外事故固然會影響到股價，跌幅卻不像爆發醜聞那麼嚴重。1985年8月12日傍晚，日航123航班不幸墜機，造成520人死亡。從事故發生隔天到9月期間，該公司股價總共下跌了三成多。雖然股價跌幅慘重，但事故終有一天會被世人淡忘。到了11月，日航股價便突破事故發生前的高價，並在隔年1月攀升至13740日圓，是事故發生後的最低點4850日圓的2.8倍。

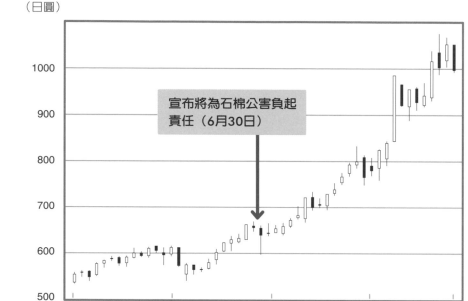

圖表4-12　股價並未因石棉公害問題而下跌

■ 久保田的週K線圖
（日圓）

宣布將為石棉公害負起
責任（6月30日）

2004年　　　　2005年　　　　2005年　　　　2005年　　　　2005年
12月27日　　　4月24日　　　7月4日　　　10月3日　　　12月26日

②看似意外事件，暴露管理出問題

　　不過，投資人對交通意外的觀點，已經和25年前日航墜機時大不相同了。儘管誰也不希望意外發生，但在檢討事故責任時，卻可歸咎為該公司的體質出問題，重傷公司形象。

　　近年發生的交通大災難，以JR西日本的福知山線火車出軌事故最讓人記憶猶新了。這起意外發生在2005年4月25日9點過後，死亡人數多達107人。當天 JR 西日本的開盤價是41.4萬日圓，此時意外尚未發生。之

圖表4-13 股價差異極大的JR西日本和JR東日本

■ JR西日本發生火車出軌意外後的股價(紅線是JR東日本的股價走勢)
(日圓)

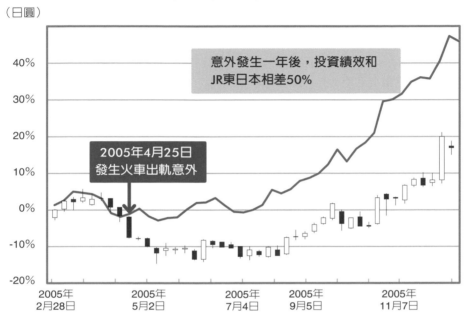

說明:2005年2月~12月的週K線圖。股價由起始點開始,以變化率表示。

後股價隨著事故原因逐漸明朗化而下跌,最後以40萬日圓收盤,跌幅只有3%多一點,成交量則是過去50天平均值的5倍。

意外發生後的最低股價出現在6月的36.4萬日圓,與意外發生前相比,只下跌了12%。單就這點來看,可以斷言這起事故對股價影響並不大,可是一和 JR 東日本的股價相比,立刻就會發現 JR 西日本的股價落後非常多。

圖表4-13是比較事故發生後,JR 西日本和 JR 東日本的股價差異。

2005年底，兩家公司的投資績效相差30%，意外發生一年後，差距更是高達50%。由此可知，發生重大事故時，愈早賣掉手中持股愈好。

股市有句名言說：「不因事故而賣股。」但如今強烈要求發生事故的公司負起社會責任的公民意識抬頭，這句名言已經跟不上時代了。

何時該運用基本面分析

最後，我來說明一下何時應該根據基本面分析，做出賣股決定。基本上，投資人可以根據「基本面分析」或「技術面分析」兩種方式做出賣股決定，所以很多人誤以為這兩種方式使用的時機點是一樣的。為了避免讀者產生這樣的誤會，所以本節的章名才刻意不使用「基本面分析」一詞，而是「一出現這種消息，立刻賣！」。

根據基本面分析決定賣股，表示情況很緊急，說得誇張一點，就像是搭飛機時得動用緊急逃生門。一般搭飛機時我們會走登機門，不會用到逃生門，但空服員還是每次都會提醒乘客緊急逃生門的所在位置。請各位讀者記住：技術面分析就像平常用的登機門，而基本面分析就像緊急逃生門。

我把用基本面分析決定賣股比喻成緊急逃生門是有點誇張，因為還沒有到逃生那麼急迫的程度，我只是想利用這個比喻說明技術面分析的使用頻率，會比基本面分析高而已。請務必了解兩者的差異，正確使用兩種分析法。

獲利重點

◎做出賣股決定時，可根據基本面分析或技術面分析。基本面分析只有在公司發布利空消息、需要緊急應對的時候使用。

◎當各季獲利成長與去年同期比未達20%時，就該賣出股票。即使財測向上修正，只要成長率未達20%，就要賣掉。

◎公司爆發醜聞時，立即賣出股票。意外事故雖然不比醜聞嚴重，但原則上最好賣出股票。

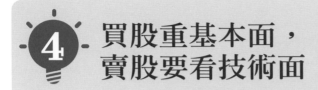

4 買股重基本面，賣股要看技術面

如何及早看出股價已經來到高點？當股價來到高點附近時，多數投資人都會變得超級看好該股的未來前景：公司獲利穩健成長、經營者本身也對公司未來充滿信心。投資人要成功獲利，就得在這樣的行情中，看出股價變化的端倪，並且賣出股票——此時技術面分析便可發揮功效。

全看基本面，會錯過賣股時機

登山時，我們可以根據「沒有比這裡更高的地方了，而且四面八方都可一覽無遺」來判斷是否到達山頂，但股價的高點並沒有「這就是最高價」的訊號，我們只能根據各種徵兆，判斷「這應該就是高點」，然後賣出股票。

賣股訊號可以從基本面分析和技術面分析中獲得，大部分投資人都採用後一種方式，但很多人不知道的是：**技術分析的賣股訊號，會比基本面分析還要早出現**，如圖表4-14所示。

你可能會想：「你不是說股價漲跌是反映公司基本面（獲利）的好壞嗎？那投資人為什麼應該比較重視技術面分析呢？」前面明明說公司獲利好，股價就上漲；公司獲利差，股價就下跌。可是**當股價漲到高點區後，反而變成技術面比較重要**，這到底是怎麼回事？

我以青山商事（按：日本男士西裝企業）為例來做說明。青山商

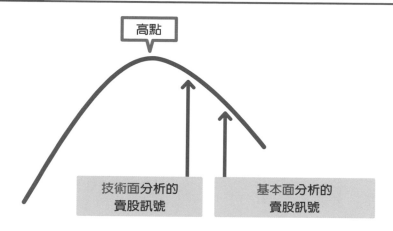

圖表4-14 技術面分析比基本面更能及早察覺高點

事的股價從2000年12月的底價775日圓開始漲起，於2006年1月來到4610日圓高點。下頁圖表4-15是2005年以後的月K線圖，當中標示出來的數字是各季的經常利益與去年同期相比的成長率。你可以看到，青山商事到2006年2月7日公告的2005年度第三季財報（39%）之前，每一季都有20%以上的成長率；但到了第四季經常利益就開始衰退，只剩下19%，2006年度第一季甚至出現-40%的衰退。

我的獲利高點是指獲利開始衰退前最高的成長率，以青山商事來說，它的獲利高點就是2005年度第三季財報公布的39%成長率。第三季財報公告的時間是2006年2月，而股價早在一個月前就達到高點了。通常來說，**股價會在獲利高點的前後一到二個月內漲到高點，如果是這樣，就算是獲利和股價的高點「同時」出現了。**

問題是，投資人無法在得知獲利高點時賣出，因為獲利高點在第三季出現時，我們根本不曉得那就是高點。因為依照基本面分析來賣股的話，**投資人必須在獲利成長出現衰退數字後才能賣出**，也就是得知第

| 圖表4-15 | 股價與獲利「同時」觸頂的案例 |

■ 青山商事的週K線圖

說明：%指各季經常利益與去年同期相比的變化率。

四季的獲利成長率低於第三季的數字時，然而第四季財報公告的時間
（2006年5月），距離股價創新高都已經過了四個月了。

　　想必看了這個例子，你也會覺得：「股價漲跌確實會反映公司的基
本面，但等到衰退四個月後才賣掉，也未免太慢了。」

股價會比獲利更早到達高點

　　前面所舉的青山商事，已經算是獲利和股價幾乎「同時」達到高點
的例子（股價高點只比獲利高點早一個月出現），有些公司的股價高點

圖表4-16　即便財測不斷上修，股價仍隨大盤波動

■ 任天堂的週K線圖

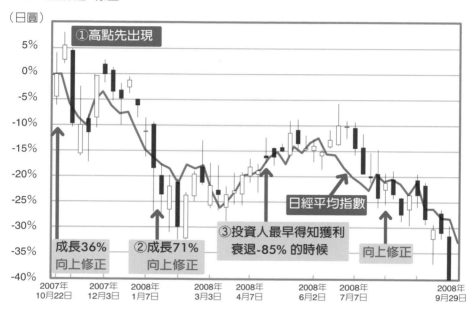

說明：以起點為0的變化率；%指各季經常利益與去年同期相比的變化率。

出現得更早，甚至比獲利高點提早一年出現。

　　股價高點比獲利高點更早出現，最常出現在大盤指數的下跌期間。大盤與個股連動是很正常的情況，但兩者漲至高點的時間點偶爾出現落差，也不是什麼稀罕的事。平均說來，約有八成的個股會跟著大盤走勢「一起波動」；換句話說，比起個股的獲利基本面（一年公告四次的財報），股價更容易受到大盤的每日走勢影響。

　　以任天堂為例，上方圖表4-16顯示任天堂在大盤漲到高點的四個月後，股價終於在2007年11月1日攀上高點了。由圖表可知，任天堂的股價幾乎是緊貼著日經平均指數（圖表中的紅線）在波動。

　　任天堂在2007年10月25日公布財報，第二季獲利成長了36%，同時向上修正了下半年度的財測數字。股價在公布財報後來到高點。到了第三季時獲利又成長了71%，財測也一併向上修正。

　　投資人最早得知獲利衰退的消息，是2008年4月24日公布第四季獲利（2007會計年度）的時候，確定成長率為-85%。但此時股價是57800日圓，從高點（73200日圓）到現在已經歷時5個月，跌幅超過20%。

　　任天堂的股價之所以會無視於基本面的獲利穩健成長，在五個月內迳自由升轉跌，主因就是大盤指數下跌。如果日經平均指數能夠繼續上漲，任天堂的股價想必也會繼續上漲，直到發表獲利衰退的五個月後。

　　投資人必須了解股價高點和獲利高點，會在怎樣的情況下出現時間落差。不過重點在於：等到能根據基本面分析（每季財報出爐）才來判斷高點，實在是太晚了。

　　當然，還是會有股票是基本面分析出現賣股訊號後、技術面分析的賣股訊號才跟著出現。那種情況就像第四章第三節所說的，投資人根據基本面分析發現「公司的獲利表現比想像中糟糕」，於是趕緊賣掉股票。

賣股公式3：

基本上，賣股要根據技術面分析，除此之外（因公司基本面惡化，或為了停損）都算是緊急賣出持股。

如何選擇技術面分析工具？

　　可能有人會問：「我已經知道如何根據基本面分析看出賣股訊號

了；那麼，技術面分析，有什麼比較好的指標可以用來判斷呢？」下一節，我將介紹我自己發明的「賣壓比例」指標，它的特色是比過去的指標更容易找到股價高點，但因為這是全新的概念，需要一段時間好好熟悉，如果你有其他慣用的指標，不妨照舊使用。

投資股票最重要的，就是當市場處於上升行情時，購買可成為時代潮流砥柱的標的。只要這點對了，稍微錯失賣股時機也不會有太大的影響。至於賣股方法可以最後再學，因為以同樣的心力學習所有的投資技術，很可能會不小心遺漏了重點。如果你早有投資經驗，你原本使用的賣股原則想必也很有用。

我們來比較最有名的 RSI（相對強弱指標，用價格的升降來比較某支個股相對於整個市場的強度）和我的「賣壓比例」的差異。我之所以拿 RSI 來對照，是因為日本 MSN 網頁有提供這個指數，任何人都可輕易獲得。（按：台灣可找奇摩股市。步驟是：輸入股票代號→點選「技術分析」→點選「RSI」，就會出現該個股的 RSI 走勢圖。RSI 超買區〔Overbought Zone〕通常設為70以上，超賣區〔Oversold Zone〕設為30以下。）

根據我的賣壓比例所得到的賣股訊號（即將在下一節登場的圖表4-23），和根據 RSI 得到的賣股訊號，小松製作所的賣點都同時出現在8月10日（當RSI降至30以下，代表該證券被「超賣」，所以當你要用 RSI 指標代替賣壓比例時，應該在數值降到30時賣掉股票）。

如果只看小松製作所的例子，會發現 RSI 和我的賣壓比例的賣股訊號同時出現，但如果以過去較長時期的數據進行驗證，就會知道我的「賣壓比例」效果更好。下頁圖表4-17的東京電力，是兩種賣股訊號出現在不同時間點的例子。

圖表4-17 RSI（相對強弱指標）的賣股訊號太晚出現

■ 東京電力的日K線圖

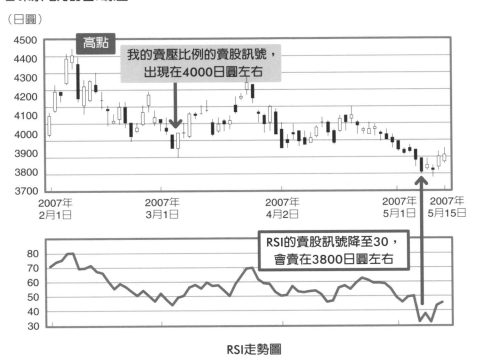

RSI走勢圖

　　我的賣壓比例的賣股訊號出現後，過了43個營業日，RSI 的賣股訊號才姍姍來遲，並未發揮應有功能。當投資時間一長，這種小差異愈來愈多，最後就會影響到整體投資績效。

獲利重點

◎當股價位於高點時，要依技術面分析來決定是否賣出股票，等到基本面變差才行動，就來不及了。

◎你可以使用過去慣用的技術分析工具，也能使用下一節我發明的「賣壓比例」來判斷賣股時機。

5 我發明的賣壓比例

基本面分析的賣股訊號緩不濟急，你應該根據技術面分析賣股票。本節將為進階者介紹「賣壓比例」。

這是我發明的概念，你在其他技術分析的書裡是絕對找不到的。賣壓比例（Selling Pressure Ratio, SPR）的概念如下：

在某段期間內，

$$賣壓比例＝\frac{賣出股數的總和}{買進股數的總和}$$

接下來，我將進一步解釋這個概念。

當一支股票在市場上的賣出股數多於買進股數時，股價就會下跌。就算市場上有1000人各買了1張股票，只要有1人一次賣出1萬張股票，股價就會下跌，這是永恆不變的定理。賣壓比例正是基於這項定理產生的。

下頁圖表4-18是某支股票的價格從高點微幅下跌的假想圖。這時依成交量的多寡，會產生不同的解釋。如果微幅下跌時成交量高，代表賣壓大，代表行情轉向下跌局面；但如果成交量低就不必擔心。成交量是判斷市場行情的重要指標。

我要針對「儘管股價下跌，但只要成交量低就不必擔心」這句話進

圖表4-18 賣壓比例的概念

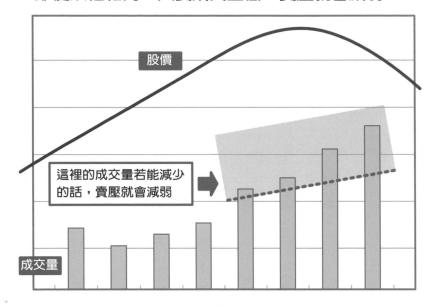

即使跌幅相同，只要成交量低，賣壓就會減弱

股價

這裡的成交量若能減少的話，賣壓就會減弱 ➡

成交量

一步解釋，因為現實世界可沒這麼單純。圖表4-18的股價呈現圓弧狀，表示上漲後下跌，這可不是現實世界會出現的情況。

　　如果你仔細觀察一支股票的下跌行情，會發現行情並非每天都在下跌。觀察股價的每日波動，會發現跟昨日相比，下跌天數和上漲天數在55比45左右。

　　而且下跌日當天的股價，也不會整天都在下跌，偶爾也會出現反彈。光憑收盤價就斷定當天的成交量都是賣出或買進，那就太天真了。

　　當股價漲到高點後，如果要判斷該股是否轉向下跌行情，可以比較「股價下跌時的成交量」和「股價上漲時的成交量」，當前者明顯超過後者時，即可斷定行情已經轉升為跌。問題是：如何得知股價下跌時的

成交量和股價上漲時的成交量呢？

即使成交量相同，股價的上漲率和下跌率分別在0.1%和5%的時候，判讀起來意義都不相同，何況股價每天都在漲漲跌跌，想得知賣壓和買盤，就必須觀察股價一整天的波動情況，但我們不可能掌握股價每分每秒的波動，因此只能以下面這種簡單的方式，來估計買賣的股票數。

①找出股票當日的四種價格

我們可以利用投資人最熟悉的K線，來偵測買盤和賣壓。具體分析方法如下：

陽線日

1 股價在開盤後，朝當日最低價下跌，表示出現賣壓。
2 股價跌至最低價後，朝當日最高價上漲，表示出現買盤。
3 股價漲至最高價後，向當日收盤價波動，表示出現賣壓。

陰線日

1 股價在開盤後，朝當日最高價上漲，表示出現買盤。
2 股價漲至最高價後，朝當日最低價下跌，表示出現賣壓。
3 股價跌至最低價後，向當日收盤價波動，表示出現買盤。

＊說明：當開盤價高於前一天的收盤價時（從昨日的收盤價到今天的開盤價），代表出現買盤。相反地，當開盤價低於前一天的收盤價時，代表出現賣壓。

了解K線的人馬上就能理解這段解釋，因為看慣K線的人在看到K線的瞬間就會這樣解讀。需要特別注意的是上述「說明」的部分。K線的股價始自當天的開盤價，但這裡卻把前一天的收盤價到當天開盤價的波

圖表4-19 從K線來推測股價的波動

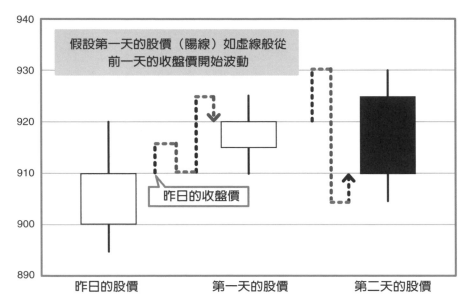

假設第一天的股價（陽線）如虛線般從
前一天的收盤價開始波動

昨日的收盤價

| 昨日的股價 | 第一天的股價 | 第二天的股價 |

說明：紅色虛線代表下跌、黑色虛線代表上漲，灰色虛線則表示股價無變化。K線圖的圖形解說，
　　　請見第165頁。

動都視為當天的股價波動。

　　陰線日的分析方式，也完全相同。

　　當天是陽線日還是陰線日，端看當天股價是先朝最低價或最高價來
波動。陽線日是先跌至最低價，陰線日則是先漲至最高價（陰線日是指
當日的收盤價＞開盤價，與前一天的收盤價高低無關）。

　　請看圖表4-19的範例，裡面有三根K線，最左邊那根K線不必理會，
只要看中間第一天和右邊第二天的股價波動即可。第一天是陽線，第二
天是陰線。第一、二天的股價波動則由虛線來表示。黑色虛線代表股價
上漲，紅色虛線代表股價下跌，灰色虛線則代表股價無變化。

②算出「買進的股數」與「賣出的股數」

　　股價是因買盤和賣壓的彼此消長而波動，根據前文所解釋的K線，則當股價上漲時會出現買盤，股價下跌時則出現賣壓。具體來說，股價變化如下：

陽線日：昨日收盤價→（或⇒）開盤價→最低價⇒最高價→收盤價

陰線日：昨日收盤價→（或⇒）開盤價⇒最高價→最低價⇒收盤價

（說明：→代表賣壓；⇒代表買盤。）

　　我們來看下頁圖表4-20，第一天的股價是陽線，波動如下：

910（昨日收盤價）⇒ 915（開盤價）→ 910（最低價）⇒
925（最高價）→ 920 （收盤價）

　　買盤出現在昨日收盤價到開盤價之間，以及最低價到最高價之間；也就是910日圓到915日圓，和910日圓到925日圓這兩處。這期間的股價漲跌幅度分別是5日圓和15日圓，兩者相加等於20日圓。這就是買盤的漲幅。

　　相形之下，賣壓出現在開盤價到最低價之間，以及最高價到收盤價之間；也就是915日圓到910日圓，和925日圓到920日圓這兩處。兩段時間的跌幅都是5日圓，合計等於10日圓。

　　綜合來說，買盤的漲幅是20日圓，而賣壓的跌幅是10日圓，兩者合計的漲跌幅度，就是30日圓。

圖表4-20	陽線日（第一天）的賣壓和買盤

股價依照下面順序波動 ➡

昨日收盤價	開盤價	最低價	最高價	收盤價
910	915	910	925	920

買盤	昨日收盤價→開盤價	最低價→最高價	合計
上漲的股價	910→915	910→925	
漲跌幅度	5日圓	15日圓	20日圓
賣壓	開盤價→最低價	最高價→收盤價	合計
下跌的股價	915→910	925→920	
漲跌幅度	5日圓	5日圓	10日圓

當日的漲跌幅度：20（買）＋ 10（賣）＝ 30日圓

假設當日的成交量是12萬股，則
買進股數：12萬股 x 20/30 ＝ 8萬股
賣出股數：12萬股 x 10/30 ＝ 4萬股

假設當天的成交量是12萬股，買進股數和賣出股數的計算方式如下。此計算方式是假設成交量可依當日的股價漲跌幅度來按比例分配：

$$買進股數 = \frac{20}{30} \times 12萬股 = 8萬股$$

$$賣出股數 = \frac{10}{30} \times 12萬股 = 4萬股$$

接著我們來看圖表4-21。第二天的股價是陰線，波動如下：

920（昨日收盤價）⇒ 925（開盤價）⇒ 930（最高價）→

905（最低價）⇒ 910 （收盤價）

圖表4-21	陰線日（第二天）的賣壓和買盤

股價依照下面順序波動 ➡

昨日收盤價	開盤價	最高價	最低價	收盤價
920	925	930	905	910

買盤	昨日收盤價→開盤價	開盤價→最高價	最低價→收盤價	合計
上漲的股價	920→925	925→930	905→910	
漲跌幅度	5日圓	5日圓	5日圓	15日圓
賣壓	最高價→最低價			合計
下跌的股價	930→905			
漲跌幅度	25日圓			25日圓

當日的漲跌幅度：15（買）＋25（賣）＝40日圓

假設當日的成交量是8萬股，則
買進股數：8萬股 x 40分之15 ＝ 3萬股
賣出股數：8萬股 x 40分之25 ＝ 5萬股

　　買盤出現在昨日收盤價到開盤價之間、開盤價到最高價之間，以及最低價到收盤價之間；也就是920日圓到925日圓、925日圓到930日圓，和905日圓到910日圓這三處。這三段期間的股價漲幅都是5日圓，相加等於15日圓。這就是買盤的漲幅。

　　而賣壓出現在最高價到最低價之間。也就是930日圓到905日圓之間，跌幅是25日圓。

　　綜合來說，買盤的漲幅是15日圓，而賣壓的跌幅是25日圓，兩者合計的漲跌幅度就等於40日圓。

假設當天的成交量是8萬股，買進股數和賣出股數的計算方式如下：

$$買進股數 = \frac{15}{40} \times 8萬股 = 3萬股$$

$$賣出股數 = \frac{25}{40} \times 8萬股 = 5萬股$$

③套用賣壓比例的公式

我用右頁圖表4-22來說明。賣壓比例的計算方式很簡單，公式會用到的數字就是前面計算出來的每日買進股數和賣出股數。以第一天為例，在成交量12萬股中，8萬股是買進股數，4萬股是賣出股數。第二天的買進股數是3萬股，賣出股數則是5萬股。

將這些天合計計算，便能獲得總和的買進股數和賣出股數。以這兩天為例，買進股數的總和是11萬股，賣出股數的總和是9萬股。然後再用本節開頭介紹過的公式計算賣壓比例；也就是用賣出股數的總和除以買進股數的總和。

以這兩天為例，就是用9萬股除以11萬股，得到0.818。由此可知，賣壓只有買盤的82%。

賣壓比例的計算方式是先合計從當天起一個月（**約20個營業日**）的**買進股數和賣出股數，再用賣出股數的總和除以買進股數的總和**，當算出來的比例在115～120%之間，代表盤勢已轉向賣股。一般來說，將賣壓比例設定在116～118%之間較為妥當。

| 圖表4-22 | 計算這兩天的賣壓比例 |

	買進股數	賣出股數
第一天	8萬股	4萬股
第二天	3萬股	5萬股
合計	11萬股	9萬股

賣壓比例：
某期間內的賣出股數的總和 ÷ 買進股數的總和

例如：兩天合計的賣壓比例 ＝ 賣出股數 ÷ 買進股數
　　　　　　　　　　　　　＝ 9萬股 ÷ 11萬股 ＝0.818 ＝82%

合計20天的計算結果，若得到116～118%的話，就視為賣股訊號。

從賣壓比例推算中長期高點

　　我們來看下頁圖表4-23的小松製作所，在2007年股價攀至高點時的狀況。首先，該股的高價出現在2007年7月20日的3990日圓，之後股價轉升為跌，並於8月10日（收盤價為3350日圓）出現賣股訊號。

　　賣壓比例從前一天的112%到8月10日變成123%（圖表上並未標記每一天的賣壓比例）。這時無論賣股基準設定在116%或118%的結果都一樣。

　　賣股訊號出現在股價創高點的一個月內，算是適當的時機點。如果等到該股的基本面走下坡才賣，就得等到2008年7月29日發表2008年度第一季財報（經常利益與去年同期比的成長率是16%）的時候了，此時距離股價創新高大約是一年後、股價也已經跌到2815日圓（隔日開盤價）了。

可能有人會覺得：「靠技術分析還是太慢了，有沒有更快的方法可以找到股價高點呢？」希望能更早以更高的價位賣出股票是人之常情，但要做到並不容易。

賣壓比例設定得過小時，一旦遇到像圖表4-23中用紅色圈起來的地

圖表4-23　用賣壓比例推算出中長期高點

■ 小松製作所的K線圖

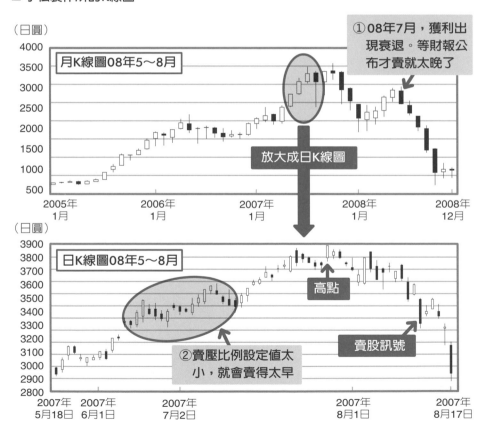

說明：RSI也在同一天出現賣股訊號。

方（2007年6月）這種走勢，很可能就會出現賣股訊號了。通常在上升行情裡，會多次出現這種程度的上下波動，當股價出現幾回合的這類漲勢，你有可能會被假的賣股訊號給騙了。賣壓比例的設計目的，是尋找中長期走勢的股價高點。

賣股訊號出現，未必要立刻賣

賣壓比例是找出股價中長期高點的技術分析工具，但不代表在賣股訊號出現後，就該立刻賣出股票，可視情況再做決定。

例如下頁圖表4-24的日本菸草產業公司（JT，日本最大的菸草製造商），在2007年11月1日以68.3萬日圓收盤，當日的最高價變成第一個股價高點。之後走勢轉向下跌行情，並在11月22日及26日出現賣點。時間點出現在股價高點的一個月內，股價下跌了一成（見圖表4-25賣點）。

11月22日及下一個營業日26日都出現賣股訊號，是因為22日的賣壓比例是117%，而26日是120%。如果你設定的數值是116%就賣股，賣股訊號就出現在22日，如果設定為118%賣股，賣股訊號就出現在26日（見圖表4-25賣點2），設定值不同賣股日就會出現差異。22日的收盤價是63.3萬日圓，而26日的收盤價則是62.8萬日圓。

但是後來該股再度上漲，突破原本的高點後，在12月25日攀至真正的高點，以68.3萬日圓收盤。如果你看圖表4-24上方的月K線圖，則11月下旬的賣股訊號確實是出現在股價高點附近，但如果你是看下方的日K線圖的話，賣股訊號卻出現在底價附近。

如同前文所舉的小松製作所的例子，訊號若過於靈敏，很可能在股價才下跌一點點就出現，變得無法依憑。但以賣股訊號來說，我所設定

 **大漲的訊號**

的「遲鈍」程度正好用來檢測行情的漲跌變化。

話雖如此，當股價在賣股訊號出現後再度反彈時，投資人不免懊悔太早賣出股票。所以當股價攀到高點後，只要沒出現影響市場的壞消息，就沒有理由立即賣出股票。換句話說，賣股訊號出現後，有時未必

圖表4-24 賣股訊號出現，未必要立刻賣

■ 日本菸草產業公司的K線圖

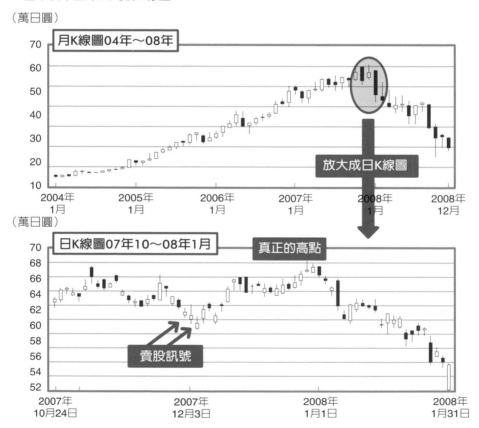

說明：賣壓比例出現賣股訊號的隔天，RSI也出現賣股訊號。

要立刻賣出股票，等到股價反彈後再賣掉也可以。

　　當股價跌至停損點或出現利空消息時，確實必須立刻賣出持股。不過，根據技術面分析得到的賣股訊號就沒那麼急迫，因為大多數投資人並未對市場失去信心，也就不必遵從賣股訊號立即賣出股票。投資人可視情況決定賣股與否，只是千萬別忘了基本原則——一旦出現賣股訊號，就要立即賣出股票。

　　我們從圖表4-25可以看到賣壓比例的每日變化。此表設定的賣股訊

圖表4-25　賣壓比例的每日變化

■ 日本菸草產業公司的賣壓比例與K線圖

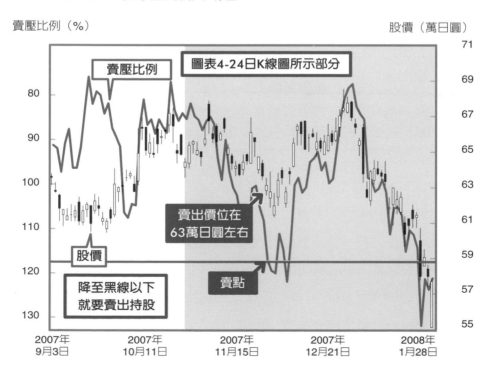

號（黑線）是117%，賣壓比例（紅線）的波動與股價（K線）相似，但幅度更大。兩者的波動未必一致。

賣壓比例的準確度比RSI高

本節開頭我介紹了賣壓比例的基本概念，現在我要說明賣股訊號的本質。由於計算賣股訊號需要用到成交量，你可能因此以為賣壓比例的重點就是成交量。然而成交量固然重要，對投資來說最重要的還是股價，因此賣壓比例的計算，還是以股價為中心。

所以，本節開頭的公式，可以改寫如下：

賣壓比例的概念：

在某段期間內，

$$賣壓比例 = \frac{股價跌幅}{股價漲幅}$$

只是我的公式裡，漲跌幅計算會用到當日的開盤價、最高價、最低價及收盤價，算出每日成交量的買盤與賣壓比例。

假設每日成交量完全相同所計算出來的賣壓比例變化，與使用真正成交量計算出來的結果會大致相同，則一般來說，使用真正成交量計算出來的賣壓比例，上下變化較明顯，也會比較靈敏地反映出股價的變化，但賣股訊號出現的時間點仍然可能會產生一到數日的差異。

我設計賣壓比例的初衷，是希望盡可能忠實地反映股價的單日波動。我認為設計概念愈有根據，所做的分析才能得到更好的結果。相形之下，過去技術面分析方法所使用的方法多半只看收盤價，你可以拿賣

壓比例和前一節介紹的RSI比一比，以下是RSI指標的公式：

$$RSI = \frac{股價漲幅}{股價漲幅 + 股價跌幅}$$

漲跌幅的計算只用到收盤價，並未用到成交量。

　　RSI的公式的分子是股價漲幅，而計算賣壓比例的分子則是股價跌幅，但兩道公式所得到的效果是相同的。然而，這兩種分析工具有一個很大的不同點，那就是賣壓比例使用了成交量。

　　賣壓比例因為用到了一天的四種價格及成交量，所以計算上比RSI更複雜，不過你只要把公式輸入Excel軟體，再來就只要輸入股價，就能得到所需數字了。

　　這裡要注意的是：千萬別想說「既然已經知道公式，就從今天開始計算吧」。請先找出高點附近的股價走勢圖和股價表、分析股票的特性後，再來套用公式。

獲利重點

◎賣壓比例的設計目的，是尋找股價中長期走勢的高點。
◎賣壓比例考量成交量和單日股價變動，準確度高於過去的分析方法。

6 投資最重要的事：停損

如果你問我：「最重要的投資規則是什麼？」我會回答：「停損。」沒有一條規則比這條更重要：股價一旦低於買價8%，就必須立刻賣掉。

我認為最重要的投資規則是停損，因為「賠錢的機率比賺錢高」，因此，發生損失時要如何處理就非常重要了。

一般投資人面對股價下跌時，都會認為：「用1000日圓買的股票跌了20%，變成800日圓。我也不奢望賺錢了，只要股價能上漲20%、回到原價就夠了。」

這個想法正確嗎？

1000日圓下跌20%之後，若想漲回原價，光是上漲20%是不夠的。因為1000日圓已經變成800日圓，上漲20%也只有960日圓（800×1.20＝960），必須上漲25%，才能回到原本的1000日圓（800×1.25＝1000）。依照圖表4-26的計算結果，股價下跌30%時，就必須從底價回漲43%；若下跌40%，就必須回漲67%。回程的路永遠比去程更艱辛。

有無停損，決定了你的績效

第218頁圖表4-27是用本書方式投資2008年股票的模擬結果。此模擬結果早在第一章第三節就介紹過了，這裡只擷取2008年的部分，來看

圖表4-26	跌幅與回到原價所需的漲幅

跌幅	回到原價所需的漲幅
10%	11%
20%	25%
30%	43%
40%	67%
50%	100%
60%	150%
70%	233%

例如：股價下跌30%，就必須從底價上漲43%，才能回到原本價格。

日經平均指數跌至一半的時候，投資報酬率如何變化。上圖是2008年的投資績效，下圖則是日經平均指數的漲跌，以及隨指數漲跌的持股比率（股票的比率）的變化，40%是指股票40%、現金60%。

我們從日經平均指數創下2000年代最高點的2007年7月9日（18261日圓）開始模擬投資績效，並以當時的資產總額為基準點1（代表資產的100%）。在圖表4-27的起始點（2008年1月新年的第一個交易日），日經平均指數從最高點下跌20%，變成14691點。此時的資產是0.92，只損失了8%。

接著來看日經平均指數跌至一半的情況，又是如何。2008年6月底的持股比率是100%（現金為0%）。此時的日經平均指數是13481點，之後隨著日經平均指數下跌，持股比率也跟著下降，直到日經平均指數跌至谷底的2008年10月27日（7162點），持股比率降至0%（現金100%）。

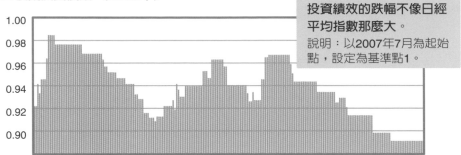

圖表4-27 有無停損，決定了投資績效

■ 模擬投資績效 （2008年）

投資績效的跌幅不像日經
平均指數那麼大。
說明：以2007年7月為起始
點，設定為基準點1。

■ 持股比率與日經平均指數

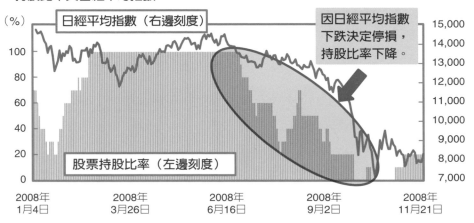

此模擬投資設定的條件是股價下跌8%就停損，由於日經平均指數
跌了一半，這段期間出現了許多的停損交易。由於新的創新高價股不會
在下跌行情期間出現，所以股票的持有比率也不斷下降。

請看圖表4-27的上圖，2008年6月底的投資組合價值為0.93，到了
2008年10月的投資組合價值則為0.89；換句話說，當大盤跌掉一半的市
值時，資產只減少了0.04。

　　資產的減損幅度能這麼少，就是因為設下停損點，資產頂多只會也虧損8%，還剩下92%。要是還不停損，將會隨著日經平均指數跌破一半，大半資產也將化為烏有。

　　柔道級數要變高，在學習攻擊之前，必須先學習如何防守，因為保護好自己是最重要的；股票投資也是一樣，在獲利之前，一定要先守護好自己的資金。

賠錢事小，否定自己，很難

　　停損規則和買股或賣股等其他規則完全不同。其他規則都是根據基本面或技術面消息，在預測股價可能上漲（下跌）時購買（賣出）股票，跟投資人個人的狀況無關。

　　相較之下，停損根據的是個人的經濟狀況。**停損「必須在個人的損失尚未擴大之前進行」，因此規則非常簡單——只要達到一定損失就出清持股，不必理會公司獲利或市場情況。**

　　可是，要做出停損的決定卻很難。因為停損是在否定自己的投資決定，也等於是否定自己。承認個人錯誤並不容易，所以決定停損是一種需要勇氣的行為。

　　損失愈大、愈不願意停損的人非常多，這些人多半冀望股價能漲回原本價格，問題是並沒有任何合理的理由能支撐股價將回漲到原價。這種不合理的拒絕停損行為就叫做套牢。

　　下頁圖表4-28的痛苦曲線可用來說明投資人的套牢行為。一般來說，損失剛開始出現時，投資人會感受到極大的痛苦，但是當金額大到某個程度後，感受到的痛苦卻不見增加，因此當股價進一步下跌、損失

圖表4-28 **損失和痛苦曲線**

■ 模擬投資績效 （2008年）

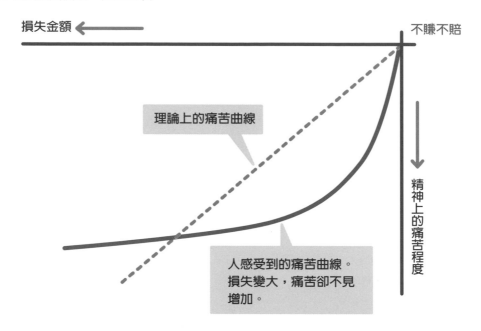

損失金額 ←

不賺不賠

理論上的痛苦曲線

人感受到的痛苦曲線。
損失變大，痛苦卻不見
增加。

精神上的痛苦程度

再度擴大後，投資人反而會覺得放著不管也無所謂。

如果人所感受到的痛苦是等比增加，那麼10%損失的痛苦程度，就應該是5%損失的兩倍，如果是這樣，應該就會希望在損失進一步擴大之前做出了結吧，可惜實際情況並非如此。

傑出投資人心中最重要的事

有本投資名著，書名是《金融怪傑》（*Stock Market Wizards*），內容是作者傑克・史瓦格訪問美國的頂尖交易員，記錄他們的成功關鍵。

《金融怪傑》一書中讓我印象最深的一句話就是：「投資要成功，最重要的是停損。」它出現在訪談大衛·萊恩（David Ryan）的篇章裡。大衛·萊恩在1985年榮獲全美投資錦標賽股票類別的冠軍，隔年獲得亞軍，再隔年又獲得冠軍。三年下來的總報酬率是1379%。但他在訪談中，提到自己的勝率只有五成左右。勝率五成代表有一半的交易賠錢，可見只要投資成功部分的獲利金額夠大，五成的勝率也足以榮登全美投資冠軍。

投資人如果依照我在本書中推薦的方式投資股票，長期性的勝率約有60%。也就是10次投資只會有4次出現損失。投資失敗時若做不到停損，就等於沒學會本書的投資方法。

日本有句投資名言叫做「停損千兩」（抱著虧損覺悟停損，反而可以避免極大損失，最終得以獲利），可見停損有多重要。或許有人認為：「這麼做明明就會虧本，又怎麼能獲利呢？」這時把投資股票比喻成企業經營，就不難理解了。

就像流行服飾公司的設計，會有與潮流契合與脫節兩種情況。契合流行就是會獲利的交易，與流行脫節就是會賠本的交易。

每一家流行服飾公司都希望所有商品能走在流行尖端，成為熱賣商品，但事與願違，每家公司都會生產出一定比例的賠錢商品，在什麼時候處理滯銷庫存品，關係到公司未來的命運。既然知道商品賣不出去，就應該盡早變賣，當成開發下一個熱銷商品的研發資金才對，死抱著庫存品直到最後才賤價出清，很可能只能回收布料錢而已。

股票的停損概念也是這樣，**最重要的就是盡早認賠、尋找下一個賺錢機會，把資金投入下一筆投資上。**懂得停損的人就知道「下次再賺回來就好」。因為有自信下一次能獲利，自然能夠放輕鬆心情。

沒有人能精準預測股價的波動

股票常會不如預期上漲、反而下跌，華爾街曾表示股價的波動是隨機的（漲跌毫無道理），理由是過去的股價波動或走勢，並不能用來預測未來的股價。有一本書甚至用數學證明了這一點。實際的行情變化有太多我們不知道的事，我舉兩個例子來說明。

①日本航空即便破產，股價並未馬上跌到1日圓

最簡單的例子就是申請破產的公司。破產後的公司價值為零，從投資人的常識來看，股價就算馬上跌到1日圓也不奇怪（本來應該是0元，但經濟活動不可能沒有價值，所以才變成1日圓）。

我們來看一個申請破產的例子——日本航空。該公司依法重整的報導出現在2010年1月9日～11日的三天連假期間，報導之前的股價是67日圓。股價未滿100日圓時，單日漲跌幅限制是30日圓，因此理論上收假後的1月12股價應該是37日圓、隔天是7日圓，再隔天是1日圓。然而實際上，收盤價真正跌至1日圓卻是在1月29日（第14個營業日之後）。右頁圖表4-29顯示出日本航空股價跌至1日圓之前的不合理波動。

我完全無法理解為什麼會有人用1日圓以上的價格，購買日本航空的股票。高於1日圓的股價根本不合理。但這絕非單一特例，很多倒閉公司的股價，都是經過一番波折才跌至1日圓。

②連克流感也救不了中外製藥的股價

或許有人認為：「就是因為破產公司的股價太便宜了，用5日圓買進的股票只要漲到6日圓就能獲利20%，所以才會有很多投資人搶在股價跌至1日圓之前想要投機。」如果你認為破產公司是特例，那我們來看個一般例子。

圖表4-29　申請破產後，股價沒有很快跌至1日圓

■ 日本航空交易結束前的股價走勢

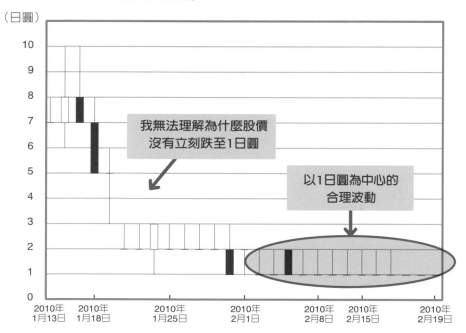

最令人百思不解的，就是中外製藥的股價走勢了（見下頁圖表4-30）。2009年春，日本新型流感肆虐，治療用藥非克流感莫屬，而負責販賣克流感的公司，就是中外製藥。該公司在2008年12月期公告的全年度獲利是-15%，而後因為販賣克流感，獲利開始急遽成長，2009年第一季（2009年1～3月）的經常利益與去年同期比成長了123%，第二季是47%，第三季是23%。

該股在2009年4月27日（星期一）創新高價，原本這應該是「進場」的最佳時機，因為該公司正好在前一個營業日（星期五）公告第一季獲利，且政府宣布週末將對飛抵成田機場的所有班次實施乘客檢疫措

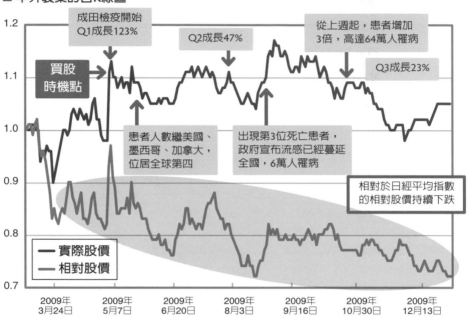

圖表4-30 有獲利也有話題，股價依舊躺平的案例

■ 中外製藥的日K線圖

成田檢疫開始
Q1成長123%

從上週起，患者增加
3倍，高達64萬人罹病

Q2成長47%

Q3成長23%

買股
時機點

患者人數繼美國、
墨西哥、加拿大，
位居全球第四

出現第3位死亡患者，
政府宣布流感已經蔓延
全國，6萬人罹病

相對於日經平均指數
的相對股價持續下跌

—— 實際股價
—— 相對股價

2009年   2009年   2009年   2009年   2009年   2009年   2009年
3月24日   5月7日   6月20日   8月3日   9月16日   10月30日   12月13日

說明：以2009年3月初的股價為1。Q1指第一季。

施，並對檢查結果出現陽性反應的乘客強制隔離一週。

　　換句話說，無論是獲利或政府施政措施等環境條件，都有利於中外
製藥。然而，該公司股價卻自隔天4月28日開始轉升為跌，如圖表4-30所
示，在這一天，相對於日經平均指數的相對股價瞬間漲到最高點。2009
年夏，就在全國死亡人數已增至3人、且原訂參加夏季甲子園的高中選
手因新型流感不得出賽時，日本厚生勞動省宣布，新型流感已經蔓延全
國，醫院確診的病患人數在一週內由6萬人增至11萬人。這時該公司的
股價雖然上漲，卻持續不久。

有時明明有話題又有獲利，股價依舊不會上漲。

要預測股價的未來走勢就是這麼困難。本書所推薦的創新高價且獲利有展望的標的，勝率固然有六成，但還是有可能會發生「失誤」。換句話說，投資必須在了解「失誤可能會發生」的前提下進行。

補充說明：從圖表可以看出，在這支股票創新高價時買股卻無法獲利，原因是新高價出現的位置非常低，從2007年1月史上最高價跌至2008年2月最低價的跌幅中，它的反彈幅度不到四成（獲利公式的要求是六成），因此，我們應該控制購買中外製藥的衝動。只要遵守買股公式，就能避免損失。

攤平，是最糟糕的選擇

攤平的日文漢字寫作「難平」，是「剷平困難」之意。假設用1000日圓購買的股票（買進1000股）下跌至800日圓。既然當初都用1000日圓購買股票了，當股價下跌為800日圓時，投資人想要增加持股的心情，應該更加強烈吧？於是再以800日圓增購1000股，這時帳面上的平均價格就變成900日圓。

假設股價上漲至930日圓，將產生30日圓的獲利，持股數2000股的話，就等於獲利6萬日圓。另一方面，只用1000日圓購買1000股的人，每股仍舊損失70日圓，總計損失金額將達7萬日圓。

如此看來，攤平不是一種可行又好的點子嗎？然而，這當中有很大的陷阱。

攤平後的帳面價格接近買價，讓人覺得可以等到賺回來的一天。但請別忘了，當持股數從1000股增加至2000股後，你的風險也增加了兩倍。

萬一股價不如預期跌至700日圓，會變得如何呢？增購1000股的人，前面的1000股損失30萬日圓，後面的1000股損失10萬日圓，總計將損失40萬日圓，而沒有為了攤平加碼買進的人，只會損失30萬日圓。

攤平最大的問題出在動機。投資人第一次購買股票，是在衡量經濟狀況及市場、企業動向後做出的決定，但第二次則是為了減少個人損失。問題是，股票市場會配合投資人的想法嗎？

第一次用1000日圓購買1000股時，是基於價格合理又看好股價上漲，然而事與願違股價下跌了；既然股價下跌，就代表判斷錯誤，應該修正錯誤才對。可見期待股價再度上漲，不過是個人的心願罷了。

此外，會選擇攤平的人都有一種心態：「股票賣掉之前都不必認賠」，他們認為：「就算1000日圓買進的股票跌到800日圓，只要我不賣，就還沒賠到錢。所以我只要努力一點，還是可以避免損失。」

會有這種想要挽回損失的心態，是人之常情；然而，一旦產生想要努力（焦慮）的心態，視野就會變得狹小，容易犯錯，然後再度造成損失。明明在市場上賣出該股就能得到800日圓，投資人不該再執著於這支股票，而應該把資金重新投資在其他股票上。

我把停損幅度設在8%

投資人對於買進的股票跌幅多少就要自動停損一事，不必感到猶豫不決。停損的跌幅可隨各人喜好決定，像我個人設定的停損點是虧損8%，其他人可能是7%或10%，你也可以隨自己喜好設定停損幅度。

原則上，停損幅度愈大勝率愈高，然而一旦股價下跌產生損失，將因損失金額過大而無法挽回；另一方面，停損幅度愈小，損失金額固然

會愈小，但勝率也會愈低。

我舉一個比較極端的例子來說明。假設1000日圓買進的股票下跌1日圓就停損，1日圓的跌幅可說是每天都會發生，因此這筆投資有很高的機率必須停損賣出，幸好損失只有1日圓。另一方面，假設1000日圓的股票要等到下跌90%才停損。首先1000日圓不可能下跌九成變成100日圓，所以設定這樣的幅度根本就等於不設停損點。如果沒賣掉股票就不算賠錢的話，這筆投資的勝率等於將近100%。然而，光是股價跌掉一半還不停損賣出的做法，就已經損失了一半資產了。

上面所舉的例子雖然太過極端，但光是停損點設在7%或10%，勝率就有很大的不同。很多股票在下跌8%後會再度轉跌回升，此時停損點如果設在7%，就會造成損失，但如果設在10%，就能安然度過損失階段。不過，如果最後股價下跌了20%，前者將在下跌7%時停損，後者則在下跌10%時停損。

賣股公式4：

停損必須在股價從買價下跌8%左右時進行。
務必嚴格遵守此公式。

8%只適用於股票，不能用於期貨與外匯市場

航空用語中，有一個名詞叫做Point of No Return（不能回航點），意指一架已起飛的長途航班，飛到某一個距離點後，即使想要返回起飛機場，也會因為燃料不足無法折返。當飛機通過這個地點後，就只能朝目的地機場繼續飛行了。

　　如果股票也有「跌幅在X%範圍內多半可以止跌回升，跌幅一超過X%就會真的開始下跌、再也無法回升到原本價格」的規則的話，就只要在股價下跌到X點時再停損就好，問題是股票沒有所謂的「不能回航點」，投資人無法利用歷史統計數據來設定最適當的停損點。

　　股價才下跌2～3%就停損未免太沉不住氣，但是等賠超過10%才停損又很需要耐力，所以把停損點設定在7～10%之間最恰當，至於要定在7%、8%、9%或10%可隨各人之意做決定。當股價從買價下跌7～10%時，若出現「跌破○日來的最低價」的消息，即可賣出股票。

　　採用本書介紹的投資方法，獲利的交易報酬率能超過20%，是停損幅度8%的2.5倍。獲利幅度20%和停損幅度8%是很適當的比率。利用我的投資法進行的交易中，10次中約有4次會出現損失，-8%×4次＝-32%，所以損失是32%。如果這些損失要在6次的獲利交易中彌補回來的話，每次只要能獲得5%以上的報酬率就足夠了。這樣的話，相信就連投資新手都能賺錢吧。

　　還有，採用我所設計的投資法，這個停損幅度僅限於股票交易，商品期貨或指數交易必須使用不同的停損幅度，因為停損幅度是根據獲利金額及勝率來決定的。

獲利重點

◎停損是最重要的投資規則。
◎攤平是最糟糕的投資規則。

附錄 1 買股公式檢核表

我把買股的訊號跟情報整理成檢核表，大小有如一張方便攜帶的便條紙。

用檢核表分析個股

本節將列舉出前文提過的所有買股條件，並整理成檢核表，如何蒐集檢核表需要的情報，我將在下一節說明。

下頁圖表5-1是以王將食品服務公司（按：經營日本知名鍋貼連鎖店「王將餃子」）為例製作檢核表，然後按照檢核表一一檢視各項條件，符合條件的打○，不符合條件的打×，暫時難以判斷的打△，依此來判定能否投資該標的。

①股價是否突破近年來高價？

從第231頁圖表5-2王將食品的月K線圖來看，股價是在2009年5月創新高價。我們現在當然知道這支股票後來大漲，但那個時候還沒人知道今後會出現怎樣的變化。讓我們回到當年，再次檢視這張股價走勢圖。

根據圖表5-2，該股在1600日圓左右（正確來說是在2009年5月29日，以1608日圓）創下新高價。之前該股創下1608日圓股價時，是在2007年5月，所以這次等於是突破兩年來的新高價，這一點符合「創新高價」的定義（參照第二章第一節）；也就是說，檢核表上的「股價是

圖表5-1	買股公式檢核表範例：王將食品

重要程度	項目	注意事項	評估結果
創新高價			
＊	①股價是否突破近年來高價？	圖表走勢	○
＊	②確認新高價位置	反彈幅度達六成以上	△
該公司是否真正成長？			
	③過去的獲利成長穩健嗎？	年成長率7%以上 很穩定	○
	④最近1～2年的經常利益成長率	20%以上	△
	⑤最近2～3季的營業額成長率	10%以上	○
＊	⑥最近2～3季的獲利成長率	20%以上	○（淨利低）
＊	⑦未來獲利能否穩健成長？	從公司說明會影片及資料中做判斷	○
	⑧本益比是否過高？	未滿60倍	○
市場動向			
＊	⑨大盤的上漲力道是否強勁？	創新高價股數的比例	弱

否突破數年來高價？」，評估結果是○。

②確認新高價位置

接著來看股價走勢圖。從圖表5-2可知，該股創新高價的方式並不

圖表5-2 王將食品的月K線圖

理想，因為它的反彈幅度太小了。具體來說，就是該股從2006年的高價2195日圓跌至低價1070日圓，下跌了1125日圓；後來漲到新高價1608日圓時，只上漲了538日圓。反彈幅度計算如下：

$$反彈幅度 = \frac{538}{1125} = 48\%$$

依照獲利公式，反彈幅度應該要達到六成才行（關於此項目，請參照第二章第四節），但該公司股價已恢復大約五成，所以此項目的評估結果為△。

圖表5-3 王將食品創新高價時的獲利表現

年度	經常利益	季別	營業額	營業淨利	經常利益	淨利
2002年3月	7%	2008年6月	7%	-3%	2%	7%
2003年3月	7%	2008年9月	10%	21%	24%	33%
2004年3月	2%	2008年12月	11%	23%	25%	18%
2005年3月	16%	2009年3月	14%	22%	19%	12%
2006年3月	8%					
2007年3月	5%					
2008年3月	0%	股價（日圓）	1608　（09年5月29日）			
2009年3月	18%	EPS（日圓）	166.03　（預估）			
平均	8%	本益比（倍）	9.7			

說明：有加網底的格子表示：年度經常利益達7%以上、各季營業額達10%以上、獲利達20%以上。

③過去的獲利穩健成長嗎？

　　圖表5-3列出王將近年的長期經常利益成長率，以及最近一年的各季營業額及獲利成長率。這些數字都可以在公司提供的公司說明會資料中找到，表格製作方式請參照第三章第四節。

　　長期經常利益成長率的平均值是8%。這一點符合第三章第二節提出的7%以上成長率的條件，所以此項目的評估結果是○。

　　但是，2007年3月期及2008年3月期連續兩年的低成長率不由得讓人擔心。該公司股價下跌想必是因為這兩年獲利成長率過低的關係吧。

④最近1～2年的經常利益成長率（20%以上）

我們來看經常利益是否開始急遽成長。如同第三章第三節所述，篩選標準是20%以上。

由於2008年3月期的經常利益成長率是0%，2009年3月期則是18%，理應不及格，但因為最近1年的成長率有將近20%的水準，所以評估結果暫定為。

⑤最近2～3季的營業額成長率（10%以上）

我們來看獲利當中最重要的營業額成長率。依照第三章第三節，營業額的篩選標準是10%，該公司完全達標，因此評估結果是○。

⑥最近2～3季的獲利成長率（20%以上）

最近2～3季的獲利成長率應該要超過20%。從最近三季的獲利表現可知營業淨利雖符合條件，但最近一季的經常利益只有19%，距離篩選基準不足1%，至於淨利成長率就更低了，完全不合乎基準，因此扣了一些分數。

經常利益不滿20%固然是個問題，但營業淨利都在20%以上。我認為針對此項目的評估結果雖然無法乾脆地打上○，但也還不到打△的程度，所以我才在檢核表打了○，但是又加上註解。

此外，從該公司最近的簡明財務報表可知，2010年3月期的預估經常利益成長了7.5%（圖表中無此數字），雖然未達到20%，但因為預估數字通常比較保守，所以不必太在意。

　　這裡所舉的成長率數字本來是基本面分析的關鍵數據，但公司網頁上並沒有這些資料。你只要比別人多做一點，就能領先其他人一步。

⑦未來獲利能否穩健成長？

　　王將的獲利為什麼會開始急速成長、今後能否維持相同的成長率，是檢核表項目中需要獨自思考的問題。關於這一點，請參照第三章第五節的內容。

　　其實不光是投資人，公司經營團隊最在意的也是這個問題。針對投資人舉辦的公司說明會，通常也會花最多時間來說明這個問題。

　　右頁圖表5-4是根據公司網頁所發布的資料製作的。由圖表可知，既有店面營業額早在創新高價的半年多之前，營業收入與去年同期比就成長10%以上了。以零售業而言，成長10%非常驚人。由此可推斷出「光靠公司的努力，既有店面不可能創造出這麼高的成長率，這應該是受到社會結構性變化的影響」。

　　王將食品的網頁上雖然沒有說明會影片的連結，但提供了法說會的資料。根據這份資料可知，價格低廉、份量大、品質又好的中華料理，在不景氣中獲利反而逆勢成長。

　　「中華料理必須在店裡做最後階段的料理（例如把煎餃皮煎得酥脆），不是中央廚房做成調理包、到現場再加溫處理的速食可以比擬的。」這是我去該公司拜訪時，對方所強調的競爭優勢。王將餃子每家店面的菜單都略有不同，純手工製作的感覺頗獲顧客好評。

　　由此可知，顧客的外食需求轉向價低但高品質，乃是時代潮流，而且今後仍會延續此種傾向。所以此項目的評估結果是○。

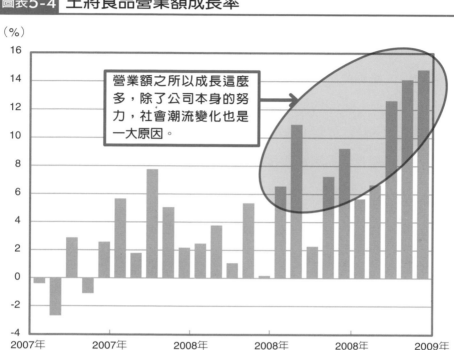

圖表5-4 王將食品營業額成長率

（%）

營業額之所以成長這麼多，除了公司本身的努力，社會潮流變化也是一大原因。

⑧本益比是否過高？

基本面條件再好的股票，若是早就被一堆投資人看上的話，將失去投資樂趣，所以我們必須確認看上的標的是否已經受到太多矚目。

根據2009年5月公告的2008年度簡明財務報表，本期（2009年3月期）的預估EPS是166.03日圓（見圖表5-3）。創新高價當日的股價是1608日圓，依此計算出本益比是9.7倍。除了股價走勢之外，從本益比也能得知該公司還沒有受到太多投資人的關注（請參照第三章第七節），因此此項目評估結果是○。

對檢核表做出整體評估

完成檢核表之後，我們來看該公司的整體狀況：八個項目中有兩個項目的評估結果是△，其餘都是○。△說明了該公司為什麼依舊是「投資人未知的非人氣標的」；反過來說，也可以解釋成這支股票一旦受到投資人注意，就有可能大漲。

接著我要說明如何利用檢核表做出最後判斷。如果你利用檢核表分析其他公司的經驗夠多，就會發現王將食品的評估結果，得到的○已經算是很多的了。即使大部分創新高價股的各項評估結果多半是○，但沒有一支股票的評估結果會100%都是○，所以「綜合性判斷」非常重要。即使某個項目「差了點」，但只要其他項目足以彌補，該公司股票還是可以購買。

「既然綜合性判斷需要經驗，那應該不容易吧？」你或許會因此猶豫不決，但其實沒那麼難。就像前面我一再強調的，真正的好股票自會發出耀眼光芒，讓你一眼就能發現。如果做完檢核表後決定購買，就代表投資人感受到它的魅力。

檢核表上的重要項目我都標上了「＊」記號，請以這些項目為中心進行評估。

⑨大盤的上漲力道是否強勁？

前面的檢查項目都是針對「某支個股該不該買」，接下來要確認的是該個股的所處環境。也就是判斷大盤的上漲力。市場上漲力道強，購股數量就會增加，市場上漲力道弱，購股數量就會減少。

我們回到王將食品創新高價的2009年5月29日，來看當時的市場情況。當天的日經平均指數收盤價是9522點，自3月10日的7054日圓以來，上漲了35%。市場行情從谷底反彈一事已不容置疑，至於市場今後還會上漲多少，可參考創新高股的數量比例來判斷，此部分的詳細介紹請見第二章第六節。

近期日本的創新高價股數量比的變化，可參考圖表2-28。此圖表的時間軸較長，可能不易理解，但可以看到2009年5月時的創新高價股數量比並不高，由此可知，市場的上升行情可能不會持續太久。因此，檢核表上的「今後市場動向」評估結果是「弱」，股數最好不要占個人資產太大的比例。

「後來王將食品的股價不是上漲了80%嗎？投資人應該更積極地買進才對吧？」或許有人是這麼想的，但這也只是事後諸葛罷了。

日經平均指數在2009年8月之前大約上漲了10%，接著卻轉升為跌，一直低迷到11月為止。王將食品的走勢很可能和日經平均指數一樣。事實上，很多股票都在這段期間轉升為跌。在這種情況下，行情變化通常趨向保守，所以我才建議小量購買。

影響投報率的兩大關鍵

我寫這本書的出發點是：「只要代入公式，任何人都可以輕鬆獲得相同的投資績效」。不過能力較強的人，確實可以再進一步提高投資績效。

同樣使用獲利公式、投資績效卻產生差異，主要取決於以下兩點：

⑦未來的獲利能否穩健成長？

⑨大盤的上漲力道是否強勁？

　　請你在做判斷時以⑦未來的獲利成長為優先考量。因為這點預測得準，在投資績效上很快就高下立判。

　　想要進階的人，我會建議針對⑨上升行情的上漲力道做深入分析。針對這一點，要考量的因素很多，困難度也比較高，但相對的也會提高勝率。因為市場動向對投資勝率有極大的影響。

　　這張檢核表就是買股公式的總整理。如果你看到檢核表上的項目就知道自己該做些什麼，代表你已經完全了解本書所介紹的買股公式。只要再多練習分析，一定可以練成自然反應。

獲利重點

◎世上沒有評估結果全是○的完美標的，因此綜合判斷非常重要，對於未來獲利能否穩健成長、日經平均指數的上漲力道夠不夠強的判斷尤其重要。

附錄 2 買股情報，去哪裡找？

本節將針對買股公式檢核表，說明所需情報要去哪裡找。

我先介紹基本工具，只有以下兩項：

所需工具

- 網路情報（全都可以免費獲得）
- 《公司四季報 CD-ROM版》（使用在下面的③和④分析上）

（按：台灣的《公司四季報》沒有CD-ROM版，只有紙本。）

下頁圖表5-5是依照上一節的檢核表順序，列出各項情報要從哪裡取得。以下將針對圖表5-5詳細說明。

另外，為方便各位讀者參考，我也製作了圖表5-6（見第241頁），說明各情報來源的使用方式。比較過後就知道圖表5-5和圖表5-6的內容完全相同，只是檢核表的順序和情報來源的順序不同而已。請使用對你有幫助的圖表。本節將依照圖表5-5，說明如何利用各類情報來源的資訊。

①股價是否突破近年來高價？

情報來源：Ken Millennium股票情報網．創新高價股
　　　　　（http://www.miller.co.jp/）
檢索方式：首頁⇒ 點選「顯示所有數據」
　　　　　檢視「年初以來創新高價」

（按：台股類似網站，請見別冊第二頁介紹的鉅亨網及奇摩股市漲幅排行。）

圖表5-5	可從何處獲得情報呢？

項目	主要的情報來源
新高價	
①股價是否突破近年來高價？	Ken Millennium股票情報網‧創新高價股
②確認新高價位置	MSN的股價走勢圖（按：台灣可用「奇摩股市」）
該公司是否真正成長？	
③過去的獲利穩健成長嗎？	《公司四季報》、《股市總覽》、上市公司簡明財報等
④最近1～2年的經常利益成長率	《公司四季報》、《股市總覽》、上市公司簡明財報等
⑤最近2～3季的營業額成長率（與去年同期相比）	上市公司官網
⑥最近2～3季的獲利成長率（與去年同期比）	上市公司官網
⑦未來獲利能否穩健成長？	上市公司官網、公司說明會的影片、資料
⑧本益比是否過高？	從「日經及時公告快報」取得預估EPS，或是從簡明財務報表裡看財測的「每股盈餘預測值」
市場動向	
⑨上升行情的上漲力道如何？	Ken Millennium股票情報網‧創新高價股

| 圖表5-6 | 如何利用各項情報？ |

情報名稱	可做之事
MSN金融 （奇摩股市）	從月K線圖判斷股價走勢是否是為創新高價股。
	企業過去10年來的經常利益（按：奇摩股市可以看到4年的「每月營收變化」及「每季稅後盈餘變化」，步驟是：輸入股票代碼→個股健診→營收盈餘）。
Ken Millennium 股票情報網	從過去15個月來的創新高價股，尋找候選的投資對象。 從每日更新的創新高價股數，分析市場上漲力道的強弱（按：台灣可用鉅亨網及奇摩股市的漲幅排行）。
上市公司 簡明財報	從各大企業的簡明財務報表，確認最近獲利情形。
	利用簡明財務報表及獲利修正通知的預估EPS，來計算本益比（按：台股的簡明財報可用鉅亨網來搜尋，步驟是：輸入股票代碼→財務面→簡明財報，但上頭沒有預估EPS，要看預估EPS，可到「公開資訊觀測站」，步驟是：首頁→彙報總表→財務預測→採IFRSs前→損益表→點選年度與季別→以股票代碼搜尋表格）。
各上市公司的 官網	由法說會影片及說明會資料，來確認今後的成長。
	取得長期獲利數據及最近的獲利數據。
公司說明會 影片	由法說會影片來確認今後的成長。
公司四季報 CD-ROM版	從10年來的獲利數據，確認公司獲利（按：台灣的《公司四季報》只能看見3～5季的盈利與純益數字）。

　　選股的候選標的，都是突破近年來高價（過去兩年多來的最高價）的股票，但沒有一個網頁提供這方面的資訊，提供最接近資訊的只有

「Ken Millennium 股票情報網」。這個網頁顯示的雖是「年初以來創新高價」，但其實記錄的是創下過去15個月以來最高價的標的，而且每天都會更新。

因為它的計算期比我所定義的兩年還要短，所以還是得一一檢視每支股票的股價走勢圖來確認，但這已是最有效率的方式了。

運用這個網頁時，請參照股價走勢圖，確認走勢是否符合前面所學的定義。以我的經驗來說，大多數的股價走勢都不夠標準，一半以上的標的都不符合定義；定義請參考第二章第四節的內容。

②確認新高價的位置

> 情報來源：**MSN的股價走勢圖（http://money.jp.msn.com/）**
>
> 檢索方式：**MSN JAPAN ⇒ 金融 ⇒ 股票 ⇒ 輸入標的代碼⇒ 股價走勢圖**
>
> 台股情報來源：**奇摩股市的股價走勢圖**
> 　　　　　　　**（http://tw.stock.yahoo.com/）**
>
> 檢索方式：**奇摩股市 ⇒ 輸入台股代號 ⇒ 歷史股價K線圖 ⇒ 月線**

我會分別介紹月K線圖及週K線圖的網頁。你可以參考任何一個與股票有關的網頁，但如果你是新手，或是沒有固定使用的網頁，我要建議你使用MSN股市網（按：MSN股市中文網只能查詢大陸股票，要查台股建議使用奇摩股市，能查到5年的歷史月K線圖）。如果你已經有慣用的網頁，就用你熟悉的網頁來確認股價走勢圖。

首先請看5年以上的月K線圖。我會推薦MSN，是因為它不只提供了5年的股價走勢圖，還提供了10年、甚至更久的股價走勢圖，並記錄了每個月的開盤價、最高價、最低價及收盤價，而且我覺得MSN的股價走勢圖的呈現方式比其他網頁更一目了然。

至於週K線圖，則以樂天提供的 Infoseek 週K線圖最清楚（你也可以使用個人慣用的股價走勢圖）。只要設定週K線圖120週，網頁就會立刻提供該股兩年多來的股價走勢圖。

此外，日本雅虎雖也提供兩年的週K線圖，但上面沒有各週的K線四個價位及成交量數據（按：台灣的奇摩股市有提供週線圖，但只有15個月的數據）。大多數網頁只提供一年的週K線圖，這樣是不夠的。創新高價股的定義是「突破過去兩年以上的新高價」，所以一年的股價走勢圖太短了。

此外，Infoseek 網頁還提供投資組合服務，可登錄的標的數比其他網頁還多，非常方便。你可以事先登錄股價極接近創新高價的標的，然後每天確認股價走勢圖。不過，如果沒有加入樂天會員，就無法使用Infoseek，這是唯一的缺點，因此我沒有寫出它的網址。加入樂天會員是免費的。

③過去的獲利穩健成長嗎？

情報來源：《公司四季報　CD-ROM版》
《公司四季報》或《日經公司情報》（紙本版）
MSN金融的經常利益檢索
上市企業官網

　　要調查公司的長期獲利成長，《公司四季報‧CD-ROM版》是最好的選擇，因為裡面收錄了每家公司十年來的獲利變化。相較之下，《公司四季報》和《日經公司情報》只記錄五年內的獲利變化（按：台灣的《公司四季報》有的記錄三年、有的記錄五年，取決於公司大小。例如中華電是大公司，就會記錄五年的數據）。

　　如果想要蒐集免費情報，可參考MSN金融的十年經常利益（相似資訊）檢索方式如下：

檢索方式：「MSN金融」首頁 ⇒ 股票 ⇒ 股價檢索（輸入股票
代碼）⇒ 企業情報 ⇒ 財務報表 ⇒ 十年概況

台股檢索方式：公開資訊觀測站 ⇒ 財務報表 ⇒ 採IFRSs前 ⇒
簡明報表 ⇒ 歷史資料（只能查到民國90年以後
的資料）⇒ 稅前純益

　　另外，這個網頁是根據美國會計法製作的，因此要以「息前稅前盈餘」或「稅前純益」取代「經常利益」。息前稅前盈餘與經常利益大致相同，可拿來替代使用。

　　你還可以參考各上市企業的官網，但要注意每家企業提供的獲利記錄期間都不相同，例如日產汽車的官網提供了1998年度以來的獲利，而小松製作所卻只提供過去五年內的獲利，有些企業甚至只提供過去三年的獲利。公司官網的檢索方式，請參考⑤⑥的情報來源2。

④最近1～2年的經常利益成長率

　　最近1～2年的獲利成長率已包含在過去5～10年的獲利成長率裡，所以這一點可從③調查的情報內容中獲知。（按：台股可從《公司四季報》中的歷年「盈利」數字推算獲利成長率，計算方式參見第三章第四節。）

⑤最近2～3季的營業額成長率

⑥最近2～3季的獲利成長率

情報來源1：日本經濟新聞WEB版 （http://www.nikkei.com/）

檢索方式：1 依照「日經 ⇒ 金融 ⇒ 及時公告快報」的順序檢索
　　　　　2 輸入查詢企業的代碼，指定檢索期間為「過去1年內」
　　　　　3 網頁將列出過去一年內所有公司的公告情報，請檢閱
　　　　　　標題是○年度○季決算的情報

台灣情報來源：公開資訊觀測站
　　　　　　　（http://mops.twse.com.tw/mops/web/index）

檢索方式：首頁→重大訊息與公告→即時重大訊息、當日重大訊息
　　　　　（為一覽表的呈現方式，「歷史重大訊息」能以股票代碼
　　　　　檢索）

　　「及時公告快報」聽起來就像官僚會取的名稱般不知所云，但內容其實就是「來自公司的投資人關係消息」。針對個股過去一年來的情報，與其一一點選各公司網頁，不如連上日經網頁來得方便，又可省下不少時間。

由於日經網頁可以直接連結證交所，通常在企業公告消息的瞬間就會將消息刊登到網頁上了，不過有些企業更新自家網頁上的速度很慢。速度快的企業，可能隔天就更新，但速度慢的企業，等上好幾個月都還不更新。

一般而言，公司通常都在下午三點過後發布消息，所以五點之前多數公司的當天公告都會發布完畢（緊急公告則不在此限）。投資人如果每天都要蒐集情報，只需在晚上連上日經的及時公告快報網頁，就能取得當天公布的所有情報。

企業公告的情報量，在公布財報的尖峰期，一天可能有超過3000條新聞，少的時候也至少有200條新聞。我每天都會看這些新聞。你可能會覺得一次看3000條新聞很辛苦，但需要關注的只有創新高價的企業和股價接近新高價的企業，這樣的對象並不多，所以其實花不了多少時間。

按：台灣上市上櫃企業的每日公告，可於「公開資訊觀測站」上尋找「即時重大訊息」，步驟為：公開資訊觀測站首頁→重大訊息與公告。裡面會有「即時重大訊息」、「當日重大訊息」與「歷史重大訊息」等資料。

另外，如果不要要看當日即時公告、而是想查個股的歷史公告時，可於「重大訊息與公告」中的「公告查詢」，輸入股票代號檢索。

情報來源2：**各上市企業的官網**

檢索方式：**企業官網首頁 ⇒ 投資人情報 ⇒ IR資料室 ⇒ 簡明財務報表資料夾（檢閱標題是○年度○季的簡明財報）**

從企業網頁進入「投資人關係」（IR）頁面，有些企業的投資人

關係情報會放在「公司情報」頁面裡，有些企業的相關記載則只有一點點。

　　投資人情報中會有「IR資料室」、「IR圖書室」、「IR資料庫」、「財務情報」或「決算情報」等連結名稱，你只要點選連結，即可打開名爲「○年度第○季簡明財務報表」的PDF檔案（另外，舊資料的檔案名稱可能會與現今不同，例如2007年度以前的第一季財報，會以「第一季財務及獲利概況」的檔名存檔）。

　　按：台股並非每家企業官網都以「投資人情報」爲連結命名，例如中華電信（2412）的搜尋步驟爲：中華電信官網首頁→股東專欄→財務資訊，裡面會有公司年報、財務預測以及季營運報告等文件可供下載。

⑦未來的獲利能否穩健成長？

> 情報來源：**各上市企業的官網、法說會影片資料、公司說明會資料**
> 檢索方式：**請參考⑤⑥的情報來源2。**

　　就企業來說，最希望投資人閱讀的IR資料，就是法說會影片了，因此影片連結幾乎都會直接放在IR首頁上，當然也有企業是放在「IR圖書室」或「IR資料室」，名稱不一，投資人必須花點時間尋找。

　　以多數網友必看的網頁雅虎爲例，日本雅虎的股市網頁上雖然也有關鍵字「投資人情報」，但感覺像是偷偷放在網頁最下面。這是沒辦法的事，畢竟YAHOO的使用者中，會看投資人情報的人不到1%。

　　因此，最好的辦法就是在企業名稱之後加上IR來搜尋。以雅虎這家

公司為例，只要在Googleg上輸入「雅虎 IR」或「雅虎 投資人情報」，馬上就會出現正確的連結。

以日本雅虎來說，點選投資人情報後，可看到IR資料庫，裡面的法說會資料就有影片資料的連結。只要法說會有錄影，就會附上說明會資料，方便投資人參照資料看影片。沒有影片時，最好的參考資料就是法說會資料了，一般企業官網會收在IR圖書室或IR資料室裡。

按：台灣企業的IR資料除了可用「企業名稱＋IR」或「企業名稱＋投資人關係」搜尋外，也可到「公開資訊觀測站」上檢索。步驟是：公開資訊觀測站首頁→重大訊息與公告→法說會→輸入公司代號或簡稱。如果該公司有提供法說會影片資料，會在「國內自辦法人說明會影音資訊連結網址」這一欄顯示連結。

⑧本益比是否過高？

計算本益比需要EPS，EPS可用以下方式尋找：

> 情報來源：**日本經濟新聞WEB版**
>
> 檢索方式：1 依照「日經金融 ⇒ 及時公告快報」的順序檢索
>
> 　　　　　2 輸入查詢企業的代碼，指定檢索期間為「過去一年內」
>
> 　　　　　3 網頁將列出過去一年內所有公司的公告情報，請檢閱標題是「○年度○季決算」或「全期獲利預測修正相關通知」的情報。其中會使用到今年度的預估EPS「每股盈餘」，且使用的是最近的數字

實際例子請參考第三章第七節。

　　《公司四季報》上雖然也有EPS，但創新高價股會不時向上修正獲利，所以《公司四季報》裡的數字很可能不是最新數據，還是從日經網頁擷取最新情報最方便。企業網頁也會每天更新IR情報，從這裡也可以獲得相同的訊息。

　　按：台股可用奇摩股市看本益比，步驟是：奇摩股市→輸入台股代號→個股健診，就會在「基本面」的欄位裡看見本益比的數字。

⑨上升行情的上漲力道如何？

情報來源：Ken Millennium 股票情報網
　　　　　創新高價股（http://www.miller.co.jp/）
檢索方式：首頁 ⇒ 股票排列順序 ⇒
　　　　　檢視年初以來的高價（Ken Millennium式）

　　這裡所使用的評估基準是創新高價股數，所以可參考①介紹的「Ken Millennium股票情報網」網頁。創新高價的定義如①說明的內容。創新高價股數愈多，大盤上漲力道愈強。

> ### 附錄 3 賣股情報，去哪裡找？
>
> 賣股的理由有三：「公司是否出現壞消息？」、「股價攀至高點的可能性高嗎？」及「股價是否跌破停損點？」（見下頁圖表5-8）。我們來看各個理由的情報來源。

一、出現壞消息

壞消息可分為「獲利惡化」與「發生醜聞或事故等傷害公司信用」兩種。

①獲利惡化的消息

獲利的消息主要來自公司各季發表的財報。

情報來源：**日本經濟新聞WEB版**

檢索方式：1 依照「日經 ⇒ 金融 ⇒ 及時公告快報」的順序檢索

2 輸入查詢企業的代碼，指定檢索期間為「過去一年內」

3 網頁將列出過去一年內所有公司的公告情報，請檢閱標題是○年度○季決算的情報

4 獲利預測需要向下修正時，會適時發表「獲利預測修正相關通知」

台股情報來源：**公開資訊觀測站**

檢索方式：首頁 ⇒ 財務報表 ⇒ 採IFRSs前 ⇒ 簡明報表 ⇒ 歷史資料（只能查到民國90年以後的資料）⇒ 稅前純益

圖表5-8 決定賣股的三大理由

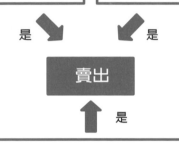

【賣股公式1、2】
公司是否出現壞消息？
（第四章第三節）
‧獲利惡化
‧醜聞、事故

【賣股公式3】
技術面分析
股價攀至高點的可能性高嗎？
（第四章第四節）

是　　　是

賣出

是

【賣股公式4】
股價是否跌破停損點？
（第四章第六節）

公司每三個月就會發表季報獲利。請確認經常利益是否比去年增加20%以上。計算方式請參考第三章第四節。

修正財務預測的公告，多半在發表各季獲利時一併發表，當然偶爾也有單獨發布的時候。因此，針對本身持有的股票，應該要每天確認該公司的獲利狀況，一旦發現獲利向下修正，就要立即賣出股票。另外，有時公司的獲利修正是向上修正，這並不是賣股訊號。

除了日經網頁之外，也可以參考各家公司官網。詳細內容請參考前一節說明過的⑤最近2～3季的與去年同期比成長率（營業額）及⑥最近2～3季的與去年同期比成長率（獲利）。

②損及公司信用的消息

　　公司發生事故或醜聞時，報紙、電視及網路都會群起撻伐。所以我建議平時就要養成收看經濟新聞報導或網路新聞的習慣。關於這部分並沒有所謂較適宜的情報來源，只要平時保持對經濟新聞的關注即可。

二、經由技術面分析得到賣股訊號時

　　賣壓比例可根據股價及成交量來計算賣股價格。

①查詢當天的股價情報

　　只要是提供股價情報的網頁都可以參考，這裡以日本的雅虎金融（YAHOO Finance）為例來說明。打開雅虎金融的網頁後，會看到「股票檢索」的連結，在這裡輸入股票代碼，就會出現當天K線的四個價位及成交量。檢索順序如下：

雅虎金融首頁 ⇒ 股價檢索

　　按：台股也是一樣，找到雅虎股市首頁後，輸入股票代碼，會出現該個股當天的「開盤」、「最高」、「最低」、「收盤」四個價位，以及成交量數據。

②查詢每天的時間序列股價情報

　　這裡也以雅虎金融為例來說明。打開雅虎金融的網頁後，會看到「股票檢索」的空位，輸入股票代碼、點選「時間序列」的連結，就會

出現過去20天的時間序列數據。檢索順序如下：

雅虎金融首頁 ⇒ 股價檢索 ⇒ 時間序列

如果只是要計算賣壓比例，過去20天的數據便已足夠，但如果想看更長期間的數據，可點選「**看更多時間序列數據**」。

按：台股請看奇摩股市，輸入股票代號後選擇「利使股價K線圖」查詢「日線」，可以看到一季的數據。

三、決定停損時

這裡所能得到的情報，只有無時無刻不在變化的股價情報。

停損價格是從買股價格下跌7～8%的價格。如果股票是以1000日圓的價格買進的話，920～930日圓就是停損點。請先決定個人的停損幅度。

本書建議的停損幅度是8%。股價一旦跌到這個幅度就要立即停損，所以萬一股價開始下跌，就必須隨時注意股價的變化。你可以不時連上證券公司的網頁，關注股價變化，或是事先預約好停損單（只要股價跌至某個價格，立刻交易）。

買股公式檢核表

重要程度	項目	注意事項	評估結果
創新高價			
＊	①股價是否突破近年來高價？	圖表走勢	
＊	②確認新高價位置	反彈幅度達六成以上	
該公司是否真正成長？			
	③過去的獲利成長穩健嗎？	年成長率7%以上 很穩定	
	④最近1～2年的經常利益成長率	20%以上	
	⑤最近2～3季的營業額成長率	10%以上	
＊	⑥最近2～3季的獲利成長率	20%以上	
＊	⑦未來獲利能否穩健成長？	從公司說明會影片及 資料中做判斷	
	⑧本益比是否過高？	未滿60倍	
市場動向			
＊	⑨大盤的上漲力道是否強勁？	創新高價股數的比例	

賣股訊號檢核表

公司是否出現壞消息？	・獲利惡化 ・醜聞、事故	
技術面分析	・股價攀至高點的可能性高嗎？	
股價是否跌破停損點？	・跌幅超過8%就要立刻停損	

說明：評估結果符合條件的打○，不符合條件的打✕，暫時難以判斷、需進一步觀察的打△。
請自行影印使用。

國家圖書館出版品預行編目 (CIP) 資料

大漲的訊號：全球最大主權基金經理人的股票K線獨門獲利密技
／林則行著；李佳蓉譯 . -- 初版 . -- 臺北市：大是文化，2013.12
　　面；17×23 公分 . -- （Biz；125）
　　　譯自： 伝説のファンドマネージャーが教える株の公式：
　　　　　　大化け株を見抜く 13 のルール

ISBN 978-986-5770-10-5（平裝）

1. 股票投資　2. 投資技術　3. 投資分析

563.53　　　　　　　　　　　　　　　　　102022500

Biz 125

大漲的訊號
全球最大主權基金經理人的股票 K 線獨門獲利密技

作　　　者	林則行
譯　　　者	李佳蓉
副總編輯	顏惠君
總 編 輯	吳依瑋
發 行 人	徐仲秋
會　　　計	許鳳雪
版權經理	郝麗珍
行銷企劃	徐千晴、周以婷
業務專員	馬絮盈、留婉茹
業務經理	林裕安
總 經 理	陳絜吾

出 版 者	大是文化有限公司
	台北市衡陽路7號8樓
	編輯部電話：（02）23757911
	購書相關資訊請洽：（02）23757911 分機122
	24小時讀者服務傳真：（02）23756999
	讀者服務E-mail: haom@ms28.hinet.net
郵政劃撥帳號	19983366 戶名/ 大是文化有限公司

法律顧問	永然聯合法律事務所
香港發行	豐達出版發行有限公司 Rich Publishing & Distribution Ltd
	香港柴灣永泰道70號柴灣工業城第2期1805室
	Unit 1805, Ph.2, Chai Wan Ind City, 70 Wing Tai Rd, Chai Wan, Hong Kong
	Tel: 2172-6513　Fax: 2172-4355
	E-mail: cary@subseasy.com.hk

封面設計	果實文化設計
內頁排版	綠貝殼資訊有限公司
印　　　刷	鴻霖印刷傳媒股份有限公司
出版日期	2013年12月03日初版一刷
	2019年07月26日初版二十四刷
定　　　價	新台幣340元
ISBN 978-986-5770-10-5（平裝）	

（破損或裝訂錯誤的書，請寄回更換）
Printed in Taiwan

大漲的訊號——
全球最大主權基金經理人的股票K線獨門獲利密技

搶反彈必看！
精選台股潛力大飆股

作者：雷中光／德信證券自營部協理

☑ 哪些股票創近年新高？

華通、聯發科、F－昂寶……

☑ 哪些股票應該獲利了結？

台積電、儒鴻、神隆……

☑ 哪些股票最好別碰……

　　本文根據《大漲的訊號》所列的條件（見正文第230頁圖表5-1），從台股上市櫃合計1400檔的股票中做檢驗；由於台灣與日本股市有諸多不同，以下先說明書中所設的條件，做了哪些適度調整。

一、台股尋找「創新高價」的原則

　　首先，在股價創近年新高部分，作者林則行認為股價必須創近1～2年新高，而且必須從底價反彈六成以上。不過，「創近1～2年新高」，可能比較適合日本、美國等這些大經濟體的股市結構。台灣經濟體較小，產業景氣循環也快很多，股價的上漲多頭期間，比日本或美國這些大經濟體短很多，因此**股價創新高的操作條件上，得相對縮短到半年至一年**。

　　原則上，股價創新高的期間愈長（如1～2年），則多頭上漲的期間應該愈長愈穩定；股價創新高的期間愈短（如3個月～1年），則多頭上漲的期間也應該愈短。

　　台灣的散戶該如何尋找股價創新高的個股？由於「創新高的股價」在觀念上是屬於連續性事件，會隨著每日股價的波動漲跌，每天都可能出現一批新的創新高價族群，因此，在篩選與搜尋上有一點難度，依筆者經驗，可透過三種管道進行第一步快篩（但還是要看K線圖做最後確認）：

　　(1)鉅亨網有針對創新高價的股票進行整理，投資人可進入「鉅亨網首頁」→選擇（台股）→選擇「盤後統計」→選擇「技術指標」，選擇「股價創新高」。裡面分別有創下3日、5日、20日（相當於一個月）、60日（相當於一季）、120日（相當於半年）、240日（相當於一年）、二年等新高價的個股。

　　(2)在盤中進入「奇摩股市」→選擇「漲幅排行」，透過盤中資料觀察當日股價上漲的強勢股排行，再逐一點選排行榜上的強勢個股，分別觀察K線圖，看看是否有股價創新高的K線型態，也是一種簡單方式。

　　(3)透過CMoney資料庫或台灣經濟新報（TEJ）等專業資料庫，篩選股價創新高的標的。

二、台股更著重近2～3季的營收與獲利成長

　　再者，就基本面的檢驗條件來看，林則行的條件是：「過去1～2年的經常利益成長率20%以上」；其中「經常利益」並不屬於台灣企業財務報表中的會計科目，如果要簡化比較，可用「營業利益」（代表企業的本業獲利），或扣除營所稅後的「稅後純益」來替代。

　　根據買股公式3：「經常利益在過去5～10年，達到年平均7%以上的成長率，同時是未出現虧損、或只有微幅虧損的公司」。此一條件在台股淺碟型市場且產業景氣變化快速的結構中較難達到，因為連台股績優生台積電（2330），都曾經陷入過大幅衰退的窘境，但從台積電近二年的K線圖（見第6頁圖表6-2）來看，股價一路創新高，買點雖已遠去，多頭走勢仍持續。

　　台積電在2011年第二季（Q2）～2012年第一季（Q1）這四季中，營收都曾經衰退，營業利益或稅後純益甚至出現單季高達20～40%以上的衰退幅度（見別冊第5頁圖表6-1）。因此，台股投資人在檢驗公司的財報數字時，可以稍稍忽略數年以前的獲利成長性或穩定性，**反而要更留意近2～3季的營收與獲利成長性；因為愈近期的財報數字，對近期股價的影響力愈大。**

　　不過，該注意的是，長期（如過去5～7年）獲利穩健成長或無虧損的公司，通常代表這家公司是「績優生」，績優生固然少有「意外」，但「成長性」通常也不會太高，股價想要有「爆發性」的想像空間，恐怕也不容易出現。

　　綜合上述，有鑑於台股的淺碟市場型態，上市櫃公司的營收與獲利波動性較大，產業景氣的循環周期也相對較短，故將台股的篩選條件與方法，調整如下：

Step 1：透過CMoney資料庫，找出股價創近半年新高的企業（製表時間為2013年11月6日）

Step 2：逐一檢視K線圖，看是否符合作者林則行設定的「創近1～2年新高的股票」，並選出股價接近半年高價附近一成以內的公司（指股價若回檔，其幅度在10%以內）。

Step 3：檢視基本面營收與獲利條件，要滿足：①最近2～3季的營收年成長率在10%以上；②最近2～3季的獲利年成長率在20%以上。

Step 4：本益比低於50～60倍。股價創新高，代表短線漲幅已大，雖然基本面的營收獲利動能可能持續，但避免買到股價漲過頭的公司，設定本益比條件有其必要。本益比可以用近四季的每股盈餘計算（計算公式請見正文第153頁）。

圖表6-1 台積電近三年各（單）季的主要財務數字比較

台積電 （2330） 年季	營收 成長率 （%）	營業利益 成長率 （%）	稅後純益 成長率 （%）	毛利率 （%）	每股稅 後盈餘 （元）	還原權值 收盤價 （元）	近四季 本益比 （倍）
2013Q3	14.99	16.74	5.33	48.6	2	104	14.59
2013Q2	21.73	23.37	23.9	49.02	2	107.97	16.7
2013Q1	25.82	25.37	18.23	45.77	1.53	97.76	16.7
2012Q4	25.4	40.46	31.64	47.1	1.6	94.35	16.1
2012Q3	32.77	66.63	62.21	48.82	1.9	87.35	13.6
2012Q2	15.88	23.36	16.31	48.78	1.61	76.27	16
2012Q1	0.12	-9.51	-7.73	47.66	1.29	79.64	15.4
2011Q4	-4.93	-20.68	-22.45	44.74	1.22	71.11	13.7
20110Q3	-5.13	-26.63	-35.25	42.04	1.17	65.67	11.3
2011Q2	5.28	-6.43	-10.75	46.02	1.39	67.73	11.4
2011Q1	14.31	14.75	7.77	49.03	1.4	63.49	11.9
2010Q4	19.6	23.4	24.66	49.77	1.57	63.85	12
2010Q3	24.81	34.65	53.64	50	1.81	55.75	11.7

台股更留意近2～3季的營收及成長性。

這四季營收出現衰退，股價卻一路創新高。

圖表6-2 台積電近四年股價走勢（還原週線）

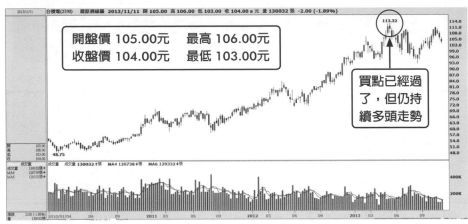

開盤價 105.00元　　最高 106.00元
收盤價 104.00元　　最低 103.00元

買點已經過了，但仍持續多頭走勢

（四個價格為2013/11/11數據）

三、從1400檔台股，精選潛力大飆股

根據上述條件，初步篩選出股價創半年新高的25檔候選個股，如圖表6-3。

圖表6-3 從1400檔股票，選出25檔創半年新高的個股

股票代碼	股票名稱	創新高價位置			
		近半年新高價（元）	時間	歷史新高價（元）	時間
1476	儒鴻	384.5	2013.11.25	384.5	2013.11.25
1565	精華	913	2013.10.23	913	2013.10.23
1788	杏昌	99.8	2013.10.08	131.7	2010.10.15
2062	橋樁	91.5	2013.10.07	91.5	2013.10.07

2107	厚生	29.2	2013.11.15	53.1	1994.6.30
2311	日月光	30.8	2013.11.18	30.8	2013.11.18
2313	華通	17.45	2013.11.19	134.2	2000.9.30
2454	聯發科	448.5	2013.11.5	488.9	2010.1.18
2524	京城	31.9	2013.05.22	43.58	2008.04.23
2597	潤弘	64	2013.11.15	64	2013.11.15
2731	雄獅	114	2013.11.21	114	2013.11.21
2923	F-鼎固	26.75	2013.10.23	30.91	2013.02.21
3144	新揚科	28.4	2013.08.23	28.4	2013.08.23
3152	璟德	155	2013.11.25	198.2	2010.08.31
3450	聯鈞	75.8	2013.08.13	83.4	2011.04.21
3583	辛耘	59.3	2013.11.19	65.5	2013.03.13
3658	漢微科	1040	2013.10.15	1040	2013.10.15
5904	寶雅	195	2013.11.14	195	2013.11.14
8048	德勝	22.3	2013.11.05	32.32	2010.03.23
8114	振樺電	97.2	2013.10.24	97.2	2013.10.24
8406	F-金可	643	2013.11.25	643	2013.11.25
8936	國統	42.7	2013.11.13	42.7	2013.11.13
9940	信義	57	2013.10.16	57	2013.10.16
9946	三發	32.2	2013.09.17	32.2	2013.09.17
9951	皇田	106	2013.11.18	106	2013.11.18

（製表時間為2013.11.25）

　　上表股價以還原權值股價為準。還原權值股價已經考量配發的股票股利與現金股利，比較未還原權值股價來看，更具有真實股價的意義，因為還原權值股價代表已經考慮所有配股、配息（股票與現金股利）利益後的價格。

　　例如：台積電（2330）歷史最高價發生在2000年2月份222元，但是考慮歷年來台積電配發的股票與現金股利後，當時的222元還原權值股價只有50.2元，已經不是歷史最高價了。台積電的還原權值股價的迄今（2013.11.25）歷史最高價是113.3元，在今年5月份（2013年5月14日），也幾乎是最近半年最高價。

　　又例如：日月光（2311）的未還原權值的歷史高價在1998年4月份193元（以還原權值股價計只有23.78元），還不如2000年1月份的125.5元，因其還原權值股價為29.24元，仍大於1998年4月份的23.78元。而還原權值股價的迄今最高價則在今年11月30.8元（2013.11.18）。

四、根據最新財報，再次檢驗大飆股

　　11月14日，第三季財報全數出爐，我們再根據基本面的四個條件重新檢視一遍，篩選結果如圖表6-6，其中有網底的五檔股票，是後文會進一步分析的個股。

基本面四條件：

　1. 最近二季（2013Q2～2013Q3）營收成長10%以上

　2. 最近二季（2013Q2～2013Q3）營業利益成長20%以上

　3. 最近一年（2012年）營業利益大於0%

　4. 本益比（近四季）60倍以下

投資小叮嚀

　　台灣各季財報，規定必須在會計年度終了後的45日內發布，所以第1、2、3季季報發布的時間，分別為5月15日、8月14日、11月14日前。

　　年度財報則須在會計年度終了後3個月內，也就是3月31日前發布（保險、金控、證券則另有調整）。也因此，營收、獲利的發布往往落後事實發生期間達1.5個月～3個月。

　　不過，台灣上市櫃公司每月10日以前必須公布上月的合併營收資料，投資人可以先透過每月發布的營收變化（成長或衰退比率），快速掌握或推估本季的季營收動能變化。

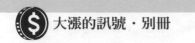

圖表6-4 25檔股票的基本面分析

股票代碼	股票名稱	2013Q3營收成長率（%）	2013Q2營收成長率（%）	2013Q3營業利益成長率（%）	2013Q2營業利益成長率（%）	近四季本益比（倍）	2012營業利益成長率（%）	2011營業利益成長率（%）
1476	儒鴻	40.26	53.79	58	82.17	33.3	54.29	52.38
1565	精華	24.24	38.61	31.09	32.86	29.5	17.61	1.02
1788	杏昌	10.41	13.51	76.78	39.54	13.1	0.84	13.26
2062	橋椿	22.96	20.56	176.92	204.52	18.1	32.29	-48.41
2107	厚生	11.55	20	25.89	46.44	7.4	9.18	-25.83
2311	日月光	15.83	10.65	27.18	30.32	15.2	5.59	-30.2
2313	華通	20.32	14.02	52.06	98.87	12.5	29.71	372.41
2454	聯發科	32.36	41.96	85.86	114.03	23.3	1.3	-60.28
2524	京城	119.16	84.19	201.56	91.77	5.2	116.64	-26.13
2597	潤弘	118.16	132.79	543.58	862.65	8.9	36.78	-33.03
2731	雄獅	21.44	21.06	267.71	363.93	20.8	61.12	-41.95
2923	F-鼎固	123.96	48.84	134.8	53.31	37	415.14	-56.56
3144	新揚科	22.38	21.34	31.26	38.51	13.8	106.65	1074.86

股票代碼	股票名稱	2013Q3營收成長率（%）	2013Q2營收成長率（%）	2013Q3營業利益成長率（%）	2013Q2營業利益成長率（%）	近四季本益比（倍）	2012營業利益成長率（%）	2011營業利益成長率（%）
3152	璟德	27.55	12.15	62.74	27.43	21.1	8.5	-45.61
3450	聯鈞	20.07	100.07	70.46	190.11	12.6	14	-35.76
3583	辛耘	18.09	46.21	28.87	115.76	18	14.15	—
3658	漢微科	35.1	19.03	58.73	33.2	33.1	147.47	473.76
5904	寶雅	13.45	13.39	30.29	27.04	33.6	27.81	27.62
8048	德勝	68.06	45.2	113.56	91.44	23.2	124.01	-42.1
8114	振樺電	11.58	11.35	21.52	33.27	13.1	20.5	-16.46
8406	F-金可	27.65	35.53	50.35	20.78	41.9	29.83	32.27
8936	國統	93.13	90.73	406.15	185.09	23	8.15	-12.9
9940	信義	53.26	38.42	125.32	68	11.6	6.8	-39.34
9946	三發	545.59	168.35	750.07	223.77	4.3	130.11	226.59
9951	皇田	23.94	25.1	54.31	36.26	16.3	16.54	-16.67

（以上評估根據2013年第三季財報資料）

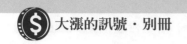

接著，將上述個別公司，逐一做出買賣評估，如圖表6-5。

| 圖表6-5 | 為25檔候選個股，做出買賣評估 |

股票代碼	股票名稱	評論	決策
1476	儒鴻	買點已過，持續上漲，動能未衰退前可持股續抱。	▲
1565	精華	買點已過，持續上漲，動能未衰退前可持股續抱。	▲
1788	杏昌	股價持續盤整並創新高，但短線股價波動過大，不利操作。	X
2062	橋椿	買點已過，股價雖持續上漲，但2011年獲利衰退高達48%，宜觀望。	X
2107	厚生	股價持續創新高，但資產股因有國際會計準則IFRS對不動產的新評價規定，入帳時點不易掌握，不利操作。	X
2311	日月光	股價突破近四年整理型態，買進訊號出現，但2011年獲利衰退高達30%，應留意景氣變化快速。	V
2313	華通	股價創近一年半新高，買進訊號出現。	V
2454	聯發科	買進訊號出現，但仍應留心2011年獲利衰退高達60%，顯見產業景氣變化劇烈，應小心因應。	V
2524	京城	營建股因有 IFRS 對營收與不動產的新評價規定，入帳時點不易掌握，不利操作。	X
2597	潤弘	營建股因有 IFRS 對營收與不動產的新評價規定，入帳時點不易掌握，不利操作。	X
2731	雄獅	新掛牌股，股價整理兩個月後突破新高，營收獲利動能不弱，本益比30.84倍也在條件內，但2011年獲利衰退高達四成多，宜先觀望。	X
2923	F-鼎固	營建資產股因有 IFRS 對營收與不動產的新評價規定，入帳時點不易掌握，不利操作。	X

股票代碼	股票名稱	評論	決策
3144	新揚科	減資股票，股價被扭曲，不操作。	X
3152	璟德	買進訊號出現，股價創二年新高，成長動能再啟，但應留意2011年獲利衰退高達45%，產業景氣變化快速。	V
3450	聯鈞	近三個月股價陷入整理型態，觀望。	X
3583	辛耘	創新高後，股價近二個月陷入整理型態，觀望。	X
3658	漢微科	成長動能未消退，但技術面高檔整理，屬賣出訊號，宜獲利了結。	X
5904	寶雅	買點已過，股價持續上漲，動能未衰退前持股續抱。	▲
8048	德勝	股價雖持續創新高，但電信商標案性質高，營運較不確定，且2011年獲利衰退幅度高達四成多，不操作。	X
8114	振樺電	股價近五個月陷入整理型態，觀望。	X
8406	F-金可	買點已過，股價持續上漲，動能未衰退前，可持股續抱。	▲
8936	國統	股價創近二年新高，水資源概念股，營收與獲利加速成長	V
9940	信義	與房地產業景氣相關性高，2011年獲利衰退近四成，不操作。	X
9946	三發	營建資產股因有 IFRS 對不動產的新評價規定，入帳時點不易掌握，不利操作。	X
9951	皇田	買點已過，股價持續上漲，動能未衰退前持股續抱。	▲

V：可考慮介入、X：不建議買進、▲：上漲動能未衰退前，持股續抱。

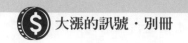

將上述操作策略，依今年第三季財報，進一步整理成圖表6-6：

25檔股票的評估結果

評估結果	公司（主要題材／所屬類股）
買點浮現	2311日月光（接蘋果高階封裝單成長） 2313華通（高密度PCB、平板手機HDI接單大成長） 2454聯發科（手機CPU元件，通吃國際大廠與高低階產品） 3152璟德（高頻元件，營運成長，動能再起） 8936國統（水資源需求成長快速）
早過了買點， 持股續抱； 等待賣出訊號，獲利了結	1476儒鴻（紡織） 1565精華 8406金可（隱形眼鏡） 5904寶雅（百貨通路，持續創新高） 9951皇田（汽車窗簾，持續創新高）
賣出訊號	2330台積電 3658漢微科（半導體景氣熱度高，股價近二年大漲後，最近半年技術面股價拉回整理，操作者應已經停利出場） 6271同欣電（股價整理半年，可能已經停利賣出） 1789神隆（Q3營收與獲利同步衰退，轉為賣出訊號） 3454晶睿（Q3營收與獲利同步衰退，轉為賣出訊號） 3356奇偶（獲利年增率小於20%，轉為賣出訊號）

五、一一解析潛力大飆股

　　以下根據個別公司表現，再進一步說明。其中，**日月光、聯發科、環德、國統**等四家公司，都在2011年出現獲利衰退、景氣變化快速的問題，雖然2012年重回成長軌道，2013年也持續成長，股價更突破新高，但操作上仍應留意產業景氣與公司營運策略的變化。投資人必須緊盯每月營收變化、股價變化，留意掌握書中所提的技術面停利與停損的賣股時間點。

投資小叮嚀

　　產業景氣與公司營運策略的變化，投資人可以用「景氣領先指標」，來預測未來景氣的變動趨勢。

　　「景氣領先指標」包括外銷訂單指數、實質貨幣總計數、股價指數、製造業存貨量指數、工業及服務業加班工時，以及核發建照面積與SEMI半導體接單出貨比。這七項指標是由經濟部、央行、證交所、主計處、內政部和北美半導體設備材料協會等單位發布。

　　例如：從「外銷訂單指數」，可以看見企業出口的接單狀況，如果指數好轉，那就是利多消息，股價當然會上漲。另外，「SEMI半導體接單出貨比」可用來觀察電子業的市場需求面，「工業及服務業加班工時」也是景氣好轉、經濟成長的指標，而核發建照面積愈多，就代表建商愈看好未來景氣。

　　這些都是各季財報尚未出爐前，投資人預測公司業績的好用工具。

　　首先是日月光，見圖表6-7、6-8。日月光是台灣封測雙雄之一，近期因接獲蘋果等大咖客戶訂單，第四季系統級封裝（SiP）占整體營收比重，可望來到10%。

　　第二檔是聯發科，見圖表6-9、6-10。聯發科是台灣最大的IC設計公

圖表6-7 日月光的基本面分析

股票代碼	股票名稱	2013Q3 營收成長率 (%)	2013Q2 營收成長率 (%)	2013Q3 營業利益成長率 (%)	2013Q2 營業利益成長率 (%)	近四季本益比（倍）	2012 營業利益成長率 (%)	2011 營業利益成長率 (%)
2311	日月光	15.83	10.65	27.18	30.32	15.2	5.59	-30.2

圖表6-8 日月光近年股價走勢（還原週線）

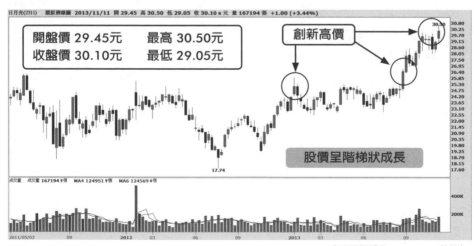

（四個價格為2013/11/11數據）

司、全球前20大半導體廠商，近年主要產品為智慧型手機晶片。2013年11月20日，聯發科發表全球首款真八核智慧型手機解決方案MT6592，贏得外資一片好評，看好真八核晶片將推升聯發科產品毛利率，並將成為聯發科從中階往高階行動裝置市場轉型的重要里程碑。

圖表6-9　聯發科的基本面分析

股票代碼	股票名稱	2013Q3營收成長率（%）	2013Q2營收成長率（%）	2013Q3營業利益成長率（%）	2013Q2營業利益成長率（%）	近四季本益比（倍）	2012營業利益成長率（%）	2011營業利益成長率（%）
2454	聯發科	32.36	41.96	85.86	114.03	23.3	1.3	-60.28

圖表6-10　聯發科近年股價走勢（還原週線）

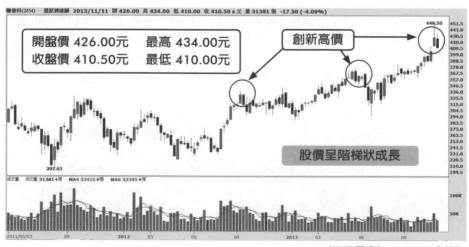

（四個價格為2013/11/11數據）

第三檔是璟德，見圖表6-11、6-12。璟德是無線通訊元組件製造商，除了原本的WiFi及手機端採用的元件產品，近期又推出支援4G的相關產品，股價在2013年11月22日登兩年半新高。

圖表6-11　璟德的基本面分析

股票代碼	股票名稱	2013Q3營收成長率（%）	2013Q2營收成長率（%）	2013Q3營業利益成長率（%）	2013Q2營業利益成長率（%）	近四季本益比（倍）	2012營業利益成長率（%）	2011營業利益成長率（%）
3152	璟德	27.55	12.15	62.74	27.43	21.1	8.5	-45.61

圖表6-12　璟德近年股價走勢（還原週線）

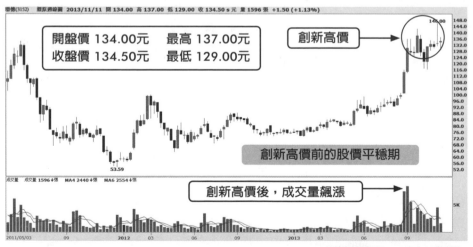

開盤價 134.00元　　最高 137.00元
收盤價 134.50元　　最低 129.00元

創新高價

創新高價前的股價平穩期

創新高價後，成交量飆漲

（四個價格為2013/11/11數據）

再來是國統，見圖表6-13、6-14。國統是以設計、製造及裝配大口徑輸配水管線為主的水利工程公司，多接政府水利工程標案。2013年政府將水庫清淤列為重點工作，國統營業額因此成長10%以上，為歷年新高。

圖表6-13	國統的基本面分析

股票代碼	股票名稱	2013Q3營收成長率（%）	2013Q2營收成長率（%）	2013Q3營業利益成長率（%）	2013Q2營業利益成長率（%）	近四季本益比（倍）	2012營業利益成長率（%）	2011營業利益成長率（%）
8936	國統	93.13	90.73	406.15	185.09	23	8.15	-12.9

圖表6-14	國統近年股價走勢（還原週線）

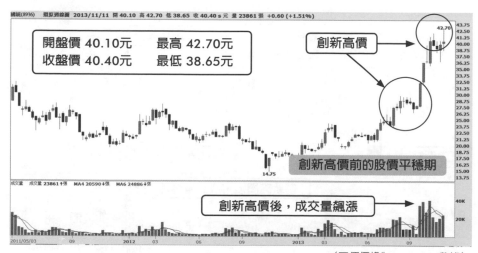

（四個價格為2013/11/11數據）

最後是華通，見圖表6-15、6-16。華通是國內第二大HDI（High
Density Interconnect，高密度電路板）廠，為國內重要的蘋果概念股。第二
季營收創下84.99億元的單季歷史新高，第四季可望再次突破這個紀錄。

圖表6-15　華通的基本面分析

股票代碼	股票名稱	2013Q3營收成長率（%）	2013Q2營收成長率（%）	2013Q3營業利益成長率（%）	2013Q2營業利益成長率（%）	近四季本益比（倍）	2012營業利益成長率（%）	2011營業利益成長率（%）
2313	華通	20.32	14.02	52.06	98.87	12.5	29.71	372.41

圖表6-16　華通近年股價走勢（還原週線）

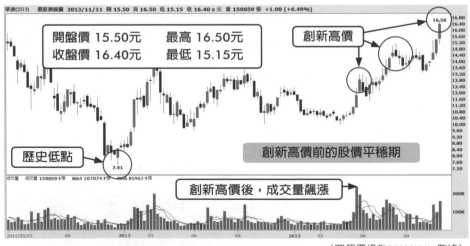

（四個價格為2013/11/11數據）

此外，**F-昂寶**（見圖表6-17、6-18）在2012年的本業獲利，僅微幅衰退1.14%，雖未完全符合書中所列示條件，但近幾季營收與獲利成長動能強勁，故仍在選股操作可接受的範圍內，且買點浮現，故將其列入買進名單。

圖表6-17	F-昂寶的基本面分析									
股票代碼	股票名稱	2013Q3營收成長率（%）	2013Q2營收成長率（%）	2013Q1營收成長率（%）	2013Q3營業利益成長率（%）	2013Q2營業利益成長率（%）	2013Q1營業利益成長率（%）	近四季本益比（倍）	2012營業利益成長率（%）	2011營業利益成長率（%）
4947	F-昂寶	48.77	26.56	36.98	64.1	32.13	111.15	19.1	-1.14	14.87

圖表6-18	F-昂寶的K線圖（還原週線）

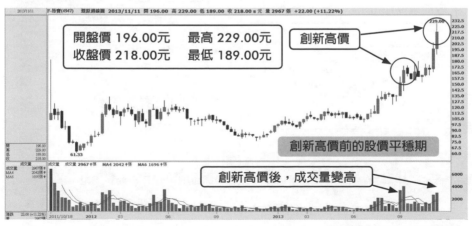

開盤價 196.00元　最高 229.00元
收盤價 218.00元　最低 189.00元

創新高價

創新高價前的股價平穩期

創新高價後，成交量變高

（四個價格為2013/11/11數據）

值得注意的是，以2013年第二季財報資料篩選出來、原本應續抱的標的——神隆（見圖表6-19、6-20），到了第三季卻出現營收動能衰退，投資人應該要適時獲利了結。

図表6-19　神隆的基本面分析

股票代碼	股票名稱	2013Q3營收成長率（%）	2013Q2營收成長率（%）	2013Q1營收成長率（%）	2013Q3營業利益成長率（%）	2013Q2營業利益成長率（%）	2013Q1營業利益成長率（%）	近四季本益比（倍）	2012營業利益成長率（%）	2011營業利益成長率（%）
1789	神隆	-3.45	46.64	22.07	-29.61	129.6	37	43.2	11.1	-7.29

図表6-20　神隆的K線圖（還原週線）

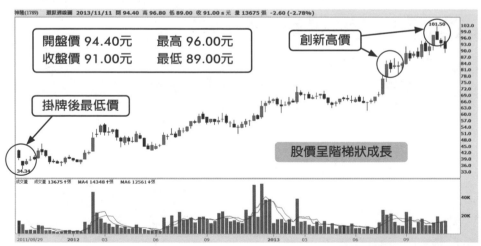

（四個價格為2013/11/11數據）

　　此外，二檔安全監控公司**奇偶**與**晶睿**（見圖表6-21、6-22、6-23），向來都是營運穩健，屬於績優股，不過晶睿的第三季營收與獲利成長轉為衰退，雖然創新高價，仍應轉進賣出名單。

圖表6-21	監控雙雄奇偶、晶睿的基本面分析								
股票代碼	股票名稱	2013Q3營收成長率（%）	2013Q2營收成長率（%）	2013Q1營收成長率（%）	2013Q3營業利益成長率（%）	2013Q2營業利益成長率（%）	2013Q1營業利益成長率（%）	近四季本益比（倍）	2012營業利益成長率（%）	2011營業利益成長率（%）
3356	奇偶	21.17	18.58	13.13	11.65	10.82	21.56	20.3	19.31	24.72
3454	晶睿	-0.44	35.2	41.8	-12.92	82.99	70.06	16.9	38.22	122.59

圖表6-22	奇偶的K線圖（還原週線）

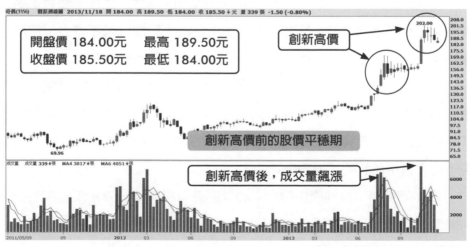

（四個價格為2013/11/18數據）

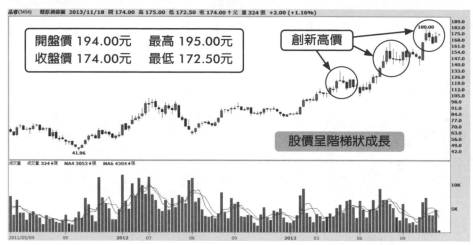

圖表6-23　晶睿的K線圖（還原週線）

開盤價 194.00元	最高 195.00元	
收盤價 174.00元	最低 172.50元	

創新高價

180.00

股價呈階梯狀成長

41.96

（四個價格為2013/11/18數據）

六、掌握台股的賣股訊號

　　投資人除了要會找股票買進外，掌握獲利了結的賣出時間點，才是整個投資策略的核心關鍵，尤其是**以台股的淺碟特性，往往一個景氣循環下來，股價很可能又重回起漲點，如果投資人只會買卻不會賣，很可能最後是白忙一場**。以下簡單說明在台股中如何掌握賣股時間。

　　股市上漲時速度很慢，但下跌行情來得非常快，很可能短期間就會出現股價「暴跌」的情況，因此一旦決定賣出持股，就要果決地斬斷「等股價回漲／反彈」的觀望心態，必須「立刻出清持股」，尤其是出現了符合書中所說的「賣股公式」。

　　以神隆為例，自神隆掛牌以來的還原權值股價（即考慮配息配股後的股價）來看（見下頁圖表6-24），掛牌後最低價為34.34元，2013年11月最高來到101.5元，二年多來漲幅接近二倍，堪稱「飆股」。

　　神隆於2011年9月掛牌，當季（第三季）營收與本業淨利仍是負成長，不過第四季已轉為正成長，2012年第一季持續大幅成長，但才一季光景，2012年第二季又再度衰退，股價也從五十多元修正到四十三元，修正跌幅近15%。

　　然而，2012年第三季旋即展開連續四季的快速成長，營收成長二～四成，淨利成長少則三成、多則逾倍，股價則由四十多元大漲到躋身百元俱樂部。不過，2013年第三季，神隆的單季營收與本業獲利再度出現衰退，根據書中的賣股公式1：近期獲利成長率與去年相比，不到20%，立刻賣（見正文第177頁）。那麼當2013年11月11日公布第三季財報後的隔天，即11月12日，投資人在開盤後立刻賣出持股，應是短線的最佳策略（當日開盤價96元、最高價96.8元，收盤價93元、盤中最低92.1元）。

圖表6-24	神隆自掛牌以來的營收與獲利					
神隆 年／季	營收成長率（%）	營業利益成長率（%）	稅後純益成長率（%）	毛利率（%）	每股稅後盈餘（元）	本益比（近四季）
2013Q3	-3.45	-29.56	-22.37	42.75	0.37	39.4
2013Q2	46.64	129.37	130.8	54.11	0.6	35.3
2013Q1	22.07	36.89	41.59	55.23	0.52	44.1
2012Q4	24.3	13.61	31.88	50.75	0.65	42.6
2012Q3	20.72	29.99	35.57	49.86	0.5	39.9
2012Q2	-5.31	-34.16	-31.23	47.92	0.27	32.6
2012Q1	22.01	49.24	72.17	53.85	0.38	—
2011Q4	2.86	15.44	15.52	52.86	0.51	—
2011Q3	-3.33	-23.54	-25.79	47.39	0.38	—

七、台股的利空消息怎麼看

此外，2013年10月16日爆出「大統油事件」，大統長基橄欖油含量不到50％，還添加銅葉綠素調色，涉嫌欺騙消費者；特級橄欖油用部分橄欖油加上廉價的棉花籽油，再加入銅葉綠素調色，賣了七年之久。銅葉綠素雖然是天然食用色素，但不耐高溫，添加在食用油也可能造成攝取過量及不容易代謝，肝腎都會出問題。這起重大利空事件，幾乎將所有的食品類股全數拖累。

2013年10月21日，新北市衛生局前往富味鄉五股總公司稽查，追查近3年來棉籽油進貨、出口流向，其中，興櫃公司富味香（1260）當日股價盤中大跌逾20％（前一日收盤79元，當日最低60元，收盤66元）。10月23日富味鄉董事長陳文南吐實承認，產製的51項油品中，有24項內銷油品中摻加「棉籽油」。10月28日，富味香股價盤中最低挫及29.8元，收盤為35.5元。事件迄今，富味香股價大幅腰斬，印證了本書的賣股公式2：公司爆發醜聞時，要立刻賣出股票（見正文第185頁）。

受到大統假油事件的延燒，其他油脂、食品大廠也陸續中槍，福懋油（1225）、福壽（1219）、味全（1201）、南僑（1702）、統一（1216）、泰山（1218）等，股價皆紛紛下挫。統計2013年10中旬～11月上旬股價高低點跌幅：富味香重挫63.4％、福懋油下跌33％、味全下滑29.6％、福壽下跌23％、南僑跌幅23％、泰山回檔15.5％，至於統一則下跌10％。

興櫃公司富味香的跌幅高達六成以上，未來甚至可能有下興櫃的風險。**股票一旦下興櫃，將變成沒有流動性的壁紙，價值可能瞬間變成幾乎零。**所以林則行告誡投資人，碰到公司爆發醜聞事件，或發生意外事

故，投資市場對股價所做的「賣出」反應，往往超出預期，跌幅相當可怕。碰到股價「暴跌」的市場恐慌心理出現時，投資人在事件發生的第一要務就是「立刻出清持股」，不可抱持觀望心態。

八、哪些台股已出現賣股訊號？

當然，投資人也可以根據技術面來賣股票，例如林則行提出的賣壓比例、RSI指標等（見正文第四章第五節）。

實務面操作，股價突破整理型態向上漲的過程，投資人只要牢牢抱住股票——無法賺到大波段的投資人，都是因為抱不住股票，稍稍上漲，賺個幾毛錢就跑掉了——讓股票一直上漲，直到漲不上去，呈現高檔震盪型態。

例如2013年10～11月間的台積電、漢微科、神隆等，都有這樣的現象，此時若基本面的營收與獲利動能剛好出現向下的反轉訊號，當然就能確認這是賣股訊號浮現。技術面上則可以配合觀察是否有M型頭部形成？或股價跌破季線？或呈現高檔震盪且沖刷劇烈？這些股價在高檔出現的現象，都可以做為技術面的獲利了結訊號，投資人可依自己過去的操作經驗拿捏。

林則行另一個賣股關鍵是「停損」，這也是股市操作長青者可以保持不敗的最重要原則。

一般散戶的操作習性是：買進股票後，小賺一筆就想獲利了結，所以賺不到大錢；但買進股票後，賠錢了卻都不賣、也不停損，然後就放著，打算回漲再賣掉。這種情況如果碰到暴跌空頭走勢的股票就慘了，股價可能跌跌不休，永遠無法回到成本價，甚至要經過數年才會上漲回

來，或是根本最後公司下市，完全消失。

專業操盤人的做法與散戶的方式相反，「股價突破上漲、買進、抱牢、等待賺最大波段獲利」；但如果是看好的股票，買進了卻逆勢下跌、走勢不如預期，一旦跌幅達到心中設定的某一標準（例如林則行所設定的跌幅8%），就要立刻停損，才不至於動搖操作的根本。

九、從「股價創新高」中找飆股，最實在！

找飆股最真實的操作方式，就是直接找股價創新高的個股。股價會創新高，代表企業營收、獲利等基本面開始加速成長，或是產業結構、產品組合有了新的變化。相反地，如果企業獲利出現成長、但股價未創新高的股票則千萬別買，投資人有可能會住進「套房」，或是股價還要整理很久，這種股票千萬別碰。

台股投資人可以透過新聞資料、每季公告的財務報表、法說會影片來檢視公司的基本面，以及經營者對公司未來的前景看法來篩選個股。就大環境來看，倘若大盤是偏多頭行情，那麼將更有利於個股的上漲行情走勢；相反地，如果大盤走勢偏空，也較不利於個股的漲升行情。

至於現階段台股是處於多頭或偏空，投資人可依照書中指標，透過財經網站列示的當日漲（跌）停家數多寡來判斷，若漲停家數多，則偏多；反之，則偏空。由於連續性的統計資料並不易取得，只能從技術線型來觀察，目前加權指數（見下頁圖表6-25）在季線（8250點）與半年線（8138點）之間震盪，短線進入整理，但仍遠站在年線（8003點）之上，多頭格局未變。

圖表6-25　台股加權指數近年走勢（週線）

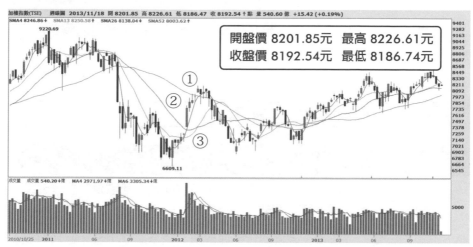

| 開盤價 8201.85元 | 最高 8226.61元 |
| 收盤價 8192.54元 | 最低 8186.74元 |

①：年線、②：半年線、③：季線　　　　　　　　　　（四個價格為2013/11/18數據）

投資小叮嚀

　　大盤到底怎麼算出來的？為什麼挑選個股要參考大盤走勢？

　　以台股而言，目前採行的是「發行量加權股價」指數，這個指數是以民國55年的股票市場「市值平均數」為基準（設為100點），因此，當我們看到台灣的「發行量加權股價」指數是8000，代表當天所有上市公司的總市值，是民國55年基準點的80倍（8000點÷100＝80倍）。

　　「發行量加權股價」指數最大的特色，就是股本較大的公司，對指數影響較大；股本較小的公司，對指數影響較小。這就是股本較大、市值較高的公司，會被稱為「權值股」的原因；這也是林則行在預測大盤走勢時，要調查市值前50大指標股是否也創新高價的理由（見第二章第六節）。

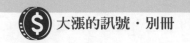

十、台股潛力大飆股總整理

綜合以上分析，依照《大漲的訊號》所篩選的台股潛力大飆股，有以下六檔，請見圖表6-26所示。

圖表6-26 六檔精選潛力大飆股

股票代碼	股票名稱	個股評論
4947	F-昂寶	股價突破近一年新高，買點剛過，營收獲利動能若持續，持股可續抱。
2311	日月光	股價突破近四年整理型態，買進訊號出現，但2011年獲利衰退高達30%，應留意景氣變化快速。
2313	華通	股價創近一年半新高，買進訊號出現。
2454	聯發科	買進訊號出現，但仍應留心2011年獲利衰退高達60%，顯見產業景氣變化劇烈，應小心因應。
3152	璟德	買進訊號出現，股價創二年新高，成長動能再啓，但應留意2011年獲利衰退高達45%，產業景氣變化快速。
8936	國統	股價創近兩年新高，為水資源概念股，營收與獲利加速成長。